La conexión íntima entre el sueño y la espiritualidad

La realidad del sueño es un estado entre nuestro mundo y las estrellas, entre el cielo y la tierra, entre la experiencia humana y los dioses. Dentro de su limitado espacio, el consejo divino y los mensajes proféticos se pueden adquirir a través de la comunicación directa con las deidades, sin la interferencia de nuestra realidad cuando estamos despiertos.

Una vez fue reconocida y honrada la conexión entre el mundo físico y espiritual. Nuestra sociedad ha creado una barrera artificial entre esos dos campos, y a menudo dejamos nuestras prácticas espirituales en manos de otros.

Buscar la comunión con lo divino a través de los sueños es una de las más viejas formas de la espiritualidad personal. El sueño sagrado es una manera de remover la espiritualidad de las manos de los expertos y colocarla donde pertenece: en los corazones, las mentes y los sueños de los mismos adoradores.

El autor

Scott Cunningham fue un verdadero pionero espiritual cuyo trabajo se convirtió en la fundación para el crecimiento de la moderna religión llamada Wicca. Scott también abrió los caminos para un nuevo entendimiento de la magia elemental y natural a través de las hierbas y las piedras por lo que fue altamente reconocido. Después de una larga enfermedad, Scott murió en marzo 28 de 1993.

Correspondencia a la editorial

Si desea más información sobre esta lectura, envíe su correspondencia a Llewellyn Español. La editorial agradece su interés y comentarios de este libro.

Favor escribir a:

Llewellyn Español
P.O. Box 64383, Dept. 1-56718-154-6
St. Paul, MN 55164-0383, U.S.A.

Incluya un sobre estampillado con su dirección y $US1.00 para cubrir costos de correo. Fuera de los Estados Unidos incluya el cupón de correo internacional.

SUEÑOS DIVINOS

INTERPRETE LOS MENSAJES DE LOS DIOSES

Scott Cunningham

Traducido al idioma Español por:
Germán Guzmán y Edgar Rojas

2001
Llewellyn Español
St. Paul, Minnesota, 55164-0383, U.S.A.

PRIMERA EDICIÓN
Primera impresión, 2001

Edición y coordinación general: Edgar Rojas
Editor colaborador: Héctor Ramírez
Título original: *Dreaming the Divine*
Diseño de la portada: Zulma Dávila
Fotografía de la portada: Rubberball Productions ©
Gráficas y dibujos: Carrie Westfall
Diseño interior: Connie Hill
Traducción al Español: Germán Guzmán y Edgar Rojas

Biblioteca del Congreso. Información sobre esta publicación. Pendiente.
Library of Congress Cataloging-in-Publication Data. Pending.

ISBN: 1-56718-154-6

Llewellyn Español
Una división de Llewellyn Worldwide, Ltd.
P.O. Box 64383, Dept. 1-56718-154-6
St. Paul, MN 55164-0383, U. S. A.
www.llewellynespanol.com

Impreso en los Estados Unidos de América

*Este libro está dedicado a aquellos
que nos hablan en la noche.*

Otros libros publicados en Español por Scott Cunningham

La casa mágica, (con David Harrington).
Llewellyn Español 1996.

Enciclopedia de cristales, gemas y metales mágicos,
Llewellyn Español 1999.

Enciclopedia de las hierbas mágicas,
Llewellyn Español 1999.

Poderes terrenales,
Llewellyn Español 2000.

¿Qué es la Wicca?
Llewellyn Español 2001.

Contenido

II: Noche

Revélese a mí y déjeme ver
un sueño favorable.
Que el sueño que yo tenga
sea favorable,
Que el sueño que tenga
sea verdadero,
Que Mamu, la diosa de los sueños,
se coloque en mi cabeza;
Déjeme entrar en E–sagila, el templo
de los dioses, la casa de la vida.

—Antigua oración asiria para el sueño.

PREFACIO

Pasamos casi un tercio de nuestras vidas envueltos en sombras y sueños. Dormir descansa al cuerpo y a la mente consciente. Sin embargo, nuestros seres internos no están inactivos mientras dormimos, como se evidencia en los sueños.

Los sueños han sido objeto de debate filosófico y espiritual por más de 3000 años. Tal debate continúa, particularmente entre los investigadores que todavía no han podido identificar los procesos filosóficos y mentales durante la ocurrencia de los sueños. Aunque se han desarrollado cientos de teorías, los sueños permanecen como un aspecto misterioso e inexplicable de nuestra vida diaria.

Los primeros pueblos politeístas tenían poca dificultad al explicar los sueños. Había algunas diferencias en las explicaciones, pero la mayoría estaban fundadas en una creencia inaceptable para ciencia moderna: los sueños son experiencias espirituales en las cuales se reciben consejos y advertencias de las divinidades.

El interés por los sueños nunca ha disminuido. Se han publicado miles de libros, cada uno prometiendo revelar los secretos de estos mensajes nocturnos. No obstante, casi todos los trabajos modernos ignoran la obvia naturaleza espiritual de algunos sueños. Los autores de esos libros prefieren ver los sueños como signos de deseos reprimidos y experiencias pasadas, afirman que se originan dentro de la mente y el cuerpo del soñador. Unos pocos investigadores modernos admiten de mala gana que algunos sueños parecen tener un origen psíquico, pero todos dicen que como mensajes de la deidad ocurren sólo en un contexto histórico, o son completamente descartados.

Este es un libro de sueños único. Aunque reconoce que algunos sueños carecen de significado profundo, también abraza el concepto de que nuestras deidades personales pueden visitarnos mientras soñamos. Así, el acto de dormir como tal, puede ser un acto espiritual.

La primera parte de este libro examina teorías de los sueños y su importancia para varias culturas del pasado.

La segunda parte define un sistema ritual único diseñado para asegurar los sueños a partir de nuestras deidades personales, basado en las técnicas de la antigüedad así como en la experiencia personal. La tercera parte consiste en una guía profunda para recordar y registrar sus sueños, interpretarlos, y determinar si tienen un origen divino.

Por lo tanto, *Sueños Divinos* es un reconocimiento histórico y una guía práctica sobre este antiguo proceso. Reconoce y celebra el hecho que, durante el sueño, entramos en un estado alterno de conciencia en el cual somos enfocados más fácilmente por nuestros dioses y diosas.

Las técnicas presentadas en la segunda y tercera parte no son complicadas ni requieren de mucho tiempo: unas pocas acciones, una invocación, y a la cama. Sin embargo, pueden conducirnos a estados superiores de conciencia, proporcionar bienestar, enviar advertencias para el futuro, y fortalecer la relación con nuestras deidades personales.

El sueño efectivamente puede ser un acto ritual. Soñando lo Divino es más que una guía para una única forma de práctica espiritual personal. Basado en tres milenios de uso continuo de ritos similares, eleva el sueño a un propósito superior al período necesario de descanso mental y físico.

Sueños Divinos tiene algo que ofrecer a todos los que adoran a Dios y a la Diosa.

Agradecimientos

A la diosa que llegó a mí en la noche y me asistió en la culminación de este libro;

A deTraci Regula, quien respondió preguntas técnicas concernientes al antiguo Egipto y Roma, me proporcionó información acerca de los templos de los sueños, me prestó varios libros difíciles de conseguir, fue de ayuda en mi investigación, hizo comentarios en ciertos capítulos, e incansablemente resolvió innumerables preguntas;

A Marilee Bigelow, quien suministró información concerniente a las deidades egipcias, hizo comentarios en ciertos capítulos, y fue gran responsable de mi temprana introducción a muchas religiones y culturas antiguas;

Y a mi computadora, por no fallarme. Son míos todos los errores en la presentación o la interpretación de material histórico.

I

DÍA

Capítulo 1

LOS MISTERIOS DE LOS SUEÑOS

L as visiones que nos llegan en la noche son confusas, informativas, atemorizantes o interesantes, hasta el punto en que la humanidad le dado gran importancia. Algunos pueblos determinaban que los sueños eran causados por demonios, otros los atribuían a divinidades. Los sueños eran explicados como recuerdos de las divagaciones de las almas humanas, como mensajes de parientes fallecidos, fantasías creativas, e incluso como eventos recientes entresacados por la mente mientras se duerme.

¿Qué podemos hacer con esta confusión de conceptos? Tal vez deberíamos empezar por examinar la naturaleza de la consciencia humana.

Las dos mentes

A través de los tiempos, los místicos han postulado que todos poseemos dos mentes: la consciente, que utilizamos en nuestras actividades diarias, y la subconsciente (psíquica), que está en control mientras estamos dormidos. (Las teorías recientes que tienen que ver con las funciones separadas de los dos hemisferios del cerebro, parecen concordar con esta teoría).

La mente consciente es hábil para adicionar figuras, leer, teorizar, instruir el cuerpo para desarrollar tareas exactas, conducir y otras actividades. Se despierta con nosotros y entra en reposo durante la noche. Tiene que ver con el mundo material, la comunicación verbal y escrita, los asuntos financieros y otros aspectos mundanos.

Nuestra sociedad le da gran importancia a la mente consciente. Por ella hemos creado nuestras civilizaciones, costumbres, idiomas, avances tecnológicos, sistemas legales, y todos los otros aspectos de nuestra vida diaria estando despiertos. La educación en gran parte se trata de entrenar nuestra mente consciente para actuar en armonía con otras mentes conscientes. La mente subconsciente es mucho más misteriosa. Reside dentro del reino de los sueños, la espiritualidad, la conciencia psíquica y la intuición. La mente psíquica usualmente se eleva de su sueño diario sólo cuando estamos acostados en la noche (aunque los presentimientos pueden ser mensajes de este campo de conciencia).

Cuando estamos despiertos, la mente consciente bloquea la comunicación con la mente subconsciente. Esto es un resultado directo de muchas de las enseñanzas que recibimos temprano en la vida: "no sueñe despierto", "ponga atención", "¡concéntrese!", "no existen cosas tales como la conciencia psíquica".

Algunos individuos son capaces de utilizar sus mentes psíquicas estando despiertos: los psíquicos, místicos, artistas y escritores. No puede haber duda de que la mente psíquica también trabaja durante los rituales espirituales y religiosos. Sin embargo, usualmente no somos conscientes de su presencia, excepto dentro de nuestros sueños.

Los sueños a menudo se perciben como irracionales o fantásticos, precisamente porque no están bajo el control de la mente consciente. El estado de sueño no está limitado por el tiempo o el espacio; opera dentro de una realidad alterna. En nuestros sueños puede aparecer la muerte; podemos visitar lugares distintos y movernos por el agua como un pez o volar como un pájaro. Liberada de todas las leyes físicas, la mente subconsciente nos lleva por viajes simbólicos.

Simbolismo

El simbolismo es el lenguaje de la mente subconsciente. Así, aunque podemos caminar, hablar y desarrollar otras actividades en los sueños, los símbolos usualmente aparecen como mensajes ocultos. Tales símbolos pueden ser originados por la misma mente subconsciente, los impulsos psíquicos recibidos mientras se duerme, o incluso la deidad o las deidades que adoramos.

Estos símbolos de los sueños (lluvia, círculos, números, animales, plantas, colores, etc.) usualmente poseen mensajes importantes que estarían bloqueados en el estado de vigilia. Todos los psicólogos y místicos son conscientes de este fenómeno, aunque tienen diferentes opiniones sobre la naturaleza de estos mensajes. La interpretación de los sueños en gran parte se trata de examinar los símbolos que aparecen con ellos (ver el capítulo 14).

Nuestros lenguajes personales de los sueños difieren de los que utilizamos en la comunicación diaria. Afortunadamente, ellos poseen sus propias estructuras y lógica. El ser interior, las emociones, la espiritualidad y la experiencia personal de cada individuo determinan la naturaleza de los símbolos de sus sueños.

Tipos de sueños

Los sueños han sido clasificados en varias categorías. Las siguientes secciones describen brevemente estas categorías principales. En el capítulo 14 se puede encontrar mayor información.

Sueños naturales

Los sueños naturales también son conocidos como deseos realizados, fantasías, y sueños de entretenimiento. Ellos no traen mensajes profundos, ni significados ocultos, ni profecías del futuro. Los sueños naturales son creados por nuestros deseos y esperanzas. La información derivada de películas, la televisión, libros y revistas, también puede integrarse en este tipo de sueños. Pueden ser interesantes, pero tienen poco peso.

Sueños psíquicos

Uno de los más famosos sueños psíquicos norteamericanos le ocurrió a Abraham Lincoln. Una noche, dormido en la cama, soñó con su inminente muerte. Poco después de ese inquietante incidente, él se dirigió al teatro Ford donde fue herido fatalmente.[1]

Los sueños psíquicos presentan información sobre eventos futuros a partir de fuentes inexplicables. Estos mensajes no son recibidos a través de ninguno de los cinco sentidos "normales", sino por medio de la mente subconsciente (psíquica).

Tales sueños son muy comunes entre personas de todos los niveles educativos, razas y religiones; le ocurren a personas de todas las edades.

La teoría es muy simple: la información psíquica es recibida por la mente subconsciente mientras el individuo está dormido. Luego la mente traduce la información en símbolos significativos, tal vez construyendo una imagen mental similar a la revelada en el mensaje: un avión se estrella, un terremoto hace vibrar la casa, la visita de un amigo, o llega una carta esperada hace mucho tiempo. Alternamente, el mensaje puede recibirse en forma de palabras dichas por una persona familiar o desconocida. Los sueños psíquicos son raros, pero la mayoría de nosotros hemos experimentado al menos uno.

Sueños telepáticos

La posibilidad de lo que llamaríamos sueños telepáticos fue expresada por el científico griego Demócrito, quien escribió que los sueños podrían ser el resultado de "emanaciones" de otras personas y objetos que entran a la consciencia mientras se está durmiendo.[2] Este punto de vista todavía es tenido muy en cuenta por los no científicos, aunque usualmente está limitado a la penetración de los pensamientos de otras personas. La telepatía (la transferencia directa de pensamiento entre humanos) es un área de estudio controversial.

Los sueños telepáticos en parte podrían explicar los sueños psíquicos. Los mensajes mentales recibidos de parientes moribundos o en peligro, podrían desencadenar los sueños. Todavía hay mucho que investigar.

Por otra parte, algunos estudios han mostrado que el sesenta o setenta por ciento de quienes dicen haber experimentado la telepatía, afirman que lo hicieron en sueños.[3]

Sueños de proyección astral

En el pasado, muchas culturas veían el dormir como un periodo en la que el alma humana era liberada temporalmente del cuerpo. Cuando se duerme, el alma deambula explorando éste y otros mundos, encontrándose con deidades y con otras almas humanas. Este antiguo concepto se conoce hoy como *proyección astral*. Algunos piensan que ciertos sueños pueden ser los recuerdos de la proyección astral controlada de una manera inconsciente. Dichos sueños se consideran a menudo ficticios

Sueños divinos

Los sueños divinos son aquellos dados por la deidad (o deidades) personal del soñador. Los sueños siempre han sido ligados a la espiritualidad. Cuando dormimos es el tiempo perfecto para que nuestras divinidades hagan presencia y ofrezcan confort o guía. La mente subconsciente está en total operación, y de este modo puede recibir fácilmente mensajes divinos.

Los sueños inspirados por lo divino no son meramente reliquias de las religiones paganas. Los primeros cristianos aceptaban que "Dios" podía inspirar sueños. Orígenes, San Agustín, Santo Tomás de Aquino y muchas otras figuras cristianas, escribieron que interpretar el futuro a través de sueños no era espiritualmente ilícito, porque Dios instruyó a los humanos por medio de los sueños. La Biblia está llena de historias sobre sueños divinos.[4]

Los sueños divinos podrían ocurrir en cualquier noche, sin advertencia. Algunas culturas también apoyaron el uso de ritos mágicos/religiosos diseñados para crear sueños divinos en momentos de necesidad. Y finalmente, tales sueños podrían ser inspirados al dormir en los templos.

Incubación del sueño
–sueño sagrado–

La incubación del sueño (del latín: *incubare*) es un término técnico que describe la creación de sueños sagrados para un propósito específico: curación, consejo, pistas sobre el futuro, protección, concepción de hijos, planes de batalla, y una cantidad de otras razones. Todos los ciudadanos libres de esas naciones podían visitar un templo, hacer una ofrenda (o un sacrificio animal), y pasar la noche en tierra divina. El afortunado se despertaba en la mañana con la posesión de un sueño de la deidad que respondía sus oraciones.

Las teorías que fundamentaban la práctica de la incubación del sueño son claras.

✦ Las divinidades se preocupan por sus adoradores.

✦ Los sueños pueden ser enviados por dioses y diosas.

✦ Lo más cerca que un adorador puede estar a su deidad, mientras está en estado corporal, es dentro de los confines de su templo.

✦ Así, dormir dentro del templo será el método más efectivo de producir un sueño divino.

El origen de la incubación del sueño (sueño en el templo o sueño sagrado) es desconocido. Pudo haberse desarrollado en Sumeria y Egipto. La práctica de dormir en templos se difundió más tarde a Babilonia y Asiria, y luego influenció prácticas similares en Grecia y el imperio romano. Era común el uso de formas semejantes de incubación del sueño en muchas tribus nativas americanas (capítulo 7), hawaianos precristianos (capítulo 6), aborígenes australianos, y a lo largo de África. La incubación del sueño continúa como una práctica religiosa estructurada en el Japón. El sueño sagrado una vez fue una práctica mundial.[5]

Teorías modernas de los sueños

En 1899, Sigmund Freud publicó La interpretación de los sueños, libro en el cual afirmó que todas las condiciones patológicas presentes podrían explicarse por el conflicto sexual interior y la frustración. Freud pronto estableció que un método de desbloquear estos recuerdos enterrados era a través del análisis de los sueños de sus pacientes.

Durante años, su libro fue ignorado y sus teorías fueron desechadas.[6] Aún así, Freud desarrolló el psicoanálisis (el cual todavía no es aceptado por muchos expertos).

La investigación científica en cuanto a sueños fue rara hasta finales de los años cincuenta y principios de los sesenta. Luego un grupo de científicos que estudiaban los sueños descubrieron una posible correlación entre el movimiento rápido de los ojos (MRO) y los sueños mientras se duerme. Este descubrimiento fue ampliamente aclamado como la primera evidencia fisiológica que asociaba el cuerpo con los sueños.

Sin embargo, estudios posteriores mostraron que la correlación entre el MRO y los sueños era insignificante. Al despertar pacientes en estados de MRO y no MRO, los investigadores descubrieron que los sueños podían ocurrir sin necesidad que se presente dicho movimiento ocular.[7]

Los estudios continuaron. Se elaboraron teorías en cuanto a la naturaleza de los sueños (apartadas de factores fisiológicos). Dentro de las teorías actualmente aceptadas están: los sueños representan la asimilación de las ansiedades; son esfuerzos nocturnos para resolver problemas; representan la integración de nueva información (de libros, periódicos, televisión, películas); o son métodos por los cuales la mente libera información inútil.[8]

EGIPTO

Los humanos han vivido continuamente sobre la exuberante tierra que rodea el Nilo por lo menos 6.000 años. El primer poblado conocido en el valle del Nilo data de la era paleolítica, pero no se ha encontrado conexión directa entre estos antiquísimos habitantes y los egipcios modernos.

El periodo dinástico empezó más o menos en el año 2950 A.E.C.[1] (En este libro he utilizado las abreviaciones A.E.C. y E.C para "antes de la era común" y "era común", los equivalentes no-religiosos de A.C y D.C., respectivamente).

Se establecieron ciudades permanentes, generando la necesidad de la producción de comida, comercio, un idioma escrito común, un calendario (para propósitos religiosos y civiles), las matemáticas y geometría (para el arte y la arquitectura), estructuras sociales de gobierno, un código legal, la recolección de impuestos (para sostener el gobierno) y por supuesto, rituales religiosos estructurados y magia.

A partir de estas actividades prácticas se fueron desarrollando la literatura, la poesía lírica (sagrada y secular), la escultura, albañilería, pintura, alfarería avanzada, preparación de cerveza, metalurgia, y otras artes.

La clase alta egipcia disfrutaba de una vida lujosa, considerando que Egipto estaba situado en la mitad de un desierto implacable. A menudo vivían en casas ordenadas, con jardines amurallados que lucían estanques para peces, plantas y hermosos árboles. Los hogares de la clase más alta contenían un templo privado o niche en el cual se adoraban diariamente las deidades de la familia.

Las clases más bajas desde luego no vivían con tal lujo, pero durante sus casi 3.000 años de historia Egipto experimentó muchos períodos de guerra y descontento civil, lo que originó la privación y el sufrimiento para las personas de todas las clases sociales. Todos los egipcios compartían la carga de vivir en una de las áreas más codiciadas en el Medio Oriente.

Sin embargo, en tiempos de abundancia, música, danzas y fiestas avivaban la existencia diaria de los egipcios. Los cosméticos (lápiz de ojos, labial, suavizantes de la piel y esmaltes) eran usados constantemente por quienes podían acceder a ellos.[2] Los perfumes (sólidos y líquidos) eran usados extensivamente por hombres y mujeres.[3] Los baños eran perfumados con flores y aceites vegetales aromatizados.[4] Los egipcios se establecen como una de las civilizaciones más culturizadas que han emergido sobre la tierra.

El estado egipcio era politeísta. Fue adorado un gran panteón de dioses y diosas. Muchas de estas divinidades eran reconocidas sólo en ciudades específicas, algunas perdían y recuperaban seguidores a través de los siglos, y otras fueron ampliamente adoradas. Los rituales religiosos civiles y de estado involucraban el uso de herramientas sagradas, ofrecimientos de comidas y bebidas (incluyendo pan, leche, cerveza, y animales), especias e incienso, y una larga invocación. Muchos rituales públicos eran acompañados por procesiones, música y danzas. Sacerdotes y sacerdotisas de los templos llevaban a cabo ritos decorosos que a menudo involucraban miles de personas. El humo fragante del incienso perfumaba el aire.

Desafortunadamente, hay poca información concerniente a la religión personal en el antiguo Egipto, simplemente porque la mayoría de los practicantes carecían de la habilidad de escribir, y los escribas del templo estaban muy ocupados para preocuparse de tales asuntos. Sus trabajos ofrecen poco discernimiento acerca de la práctica religiosa personal. No obstante, se pueden encontrar pistas para examinar la importancia de los sueños en el antiguo Egipto.

El sueño de los egipcios

Los sueños eran un aspecto importante de la religión egipcia.[5] El autor romano Diodoro afirmaba que, en Egipto, "los sueños eran tomados con reverencia religiosa";[6] el desconocido autor de *Instructions for Merikare* (2100 A.E.C.); escribió que los sueños eran enviados por las deidades de tal manera que los adoradores pudieran conocerel futuro;[7] las inscripciones demóticas en Nubia dan fe de la inspiración divina de los sueños,[8] y hay otras pruebas antiguas.

De los primeros periodos dinásticos sobreviven muy pocos trabajos escritos concernientes a los sueños. Sin embargo, comparando estos registros fragmentados con los escritos romanos del periodo Ptolemaico, se hace claro que los sueños eran considerados una fuente importante de información que se originaba a partir de la deidad personal del soñador.[9] En forma de sueños se recibían las técnicas de curación, las advertencias sobre peligros futuros, el aseguramiento del amor divino, el consejo amigable y las respuestas a las preguntas del soñador.[10]

Así, parece seguro afirmar que los egipcios veían el dormir como un ritual sagrado en el cual los adoradores eran unidos íntimamente con sus deidades personales.

La naturaleza de los sueños de los egipcios

No hay evidencia para sugerir que los egipcios reconocían la separación del alma del cuerpo mientras la persona duerme.[11] Para ellos, los sueños no eran recuerdos de la divagación astral, sino experiencias (espirituales y mundanas) que tenían lugar en un mundo separado que se escondía durante el estado de vigilia.[12]

Los egipcios aparentemente dividían los sueños en tres categorías. La primera podía llamarse sueños "piadosos", en los cuales las deidades aparecen y exigen o piden (dependiendo del temperamento de la deidad) que su adorador desarrolle algún acto de piedad.[13] Tales sueños parecen haber estado limitados a faraones, generales, y otros altos oficiales, y pueden ser vistos como pruebas de la devoción de los adoradores hacia su divinidad.

Han sobrevivido unos pocos ejemplos de tales sueños piadosos. Cuando era joven, Tutmosis IV fue a cazar leones y animales salvajes en su carroza. Exhausto se quedó dormido en la sombra de la esfinge. Por abandono, este impresionante monumento se había enterrado parcialmente en la arena. Mientras Tutmosis dormía, el dios Hamarkis,[14] quien puede haber sido la deidad representada originalmente en la esfinge,[15] se le apareció al joven príncipe y le prometió que sería faraón si extraía el monumento de las arenas y restablecía el templo creado para su adoración.[16]

Tutmosis IV efectivamente desarrolló esas tareas y al debido tiempo se convirtió en el gobernante de Egipto. Registró su sueño en una famosa estela que está entre las garras de la esfinge. Desafortunadamente hace falta la parte final de la historia,[17] e incluso la estela existente puede ser sólo una antigua copia de la original.

En algunos sueños las deidades aparecían y exigían una tarea piadosa, pero no ofrecían nada a cambio. Sus adoradores, por amor o respeto a las diosas y los dioses, usualmente llevaban a cabo la tarea solicitada. Plutarco registra un ejemplo de esto. Ptolomeo Soter una vez soñó con una inmensa estatua. En su sueño, Serapis le dijo a Ptolomeo Soter que encontrara la estatua y la llevara a Alejandría. Inmediatamente después de despertarse, organizó muchas búsquedas y la estatua fue localizada y retornada a la ciudad.[18]

El siguiente grupo más importante de sueños fueron aquellos denominados "reveladores", es decir, sueños que señalaban eventos futuros, advertían desastres inminentes, e indicaban medicinas apropiadas o lugares donde se ocultaban papiros y otros objetos valiosos.[19] Se consideraba que tales mensajes tenían su origen en la deidad personal del soñador.

Algunos sueños eran simplemente informativos. Una autoridad se refiere a dos ejemplos en los cuales la diosa Hator se le aparecía a los adoradores a través de sueños. En un sueño, Hator se le apareció a un hombre y lo dirigió a la mejor localización para su tumba.[20]

El templo egipcio para dormir y la incubación del sueño

Los egipcios dormían toda la noche en templos para recibir sueños inspirados por la divinidad. Después de la purificación y el sacrificio, el adorador se acostaba a dormir. Durante este sagrado acto de dormir, él o ella recibía un mensaje de la deidad que asistía al templo.

Tales sueños podrían ser directamente responsables de proporcionar pistas para el futuro, advertencias de peligro, y hasta éxito en el amor y los negocios. A veces, un sueño también podía haber sido diseñado para levantar espiritualmente al soñador de la deidad, un reaseguramiento divino de que el adorador estaba siguiendo el camino correcto.

Lo que pudo haber empezado como un rito religioso aislado, limitado a unos pocos templos, se propagó a través de Egipto y ganó enorme popularidad. Muchos templos eran famosos por los mensajes que se recibían durante el sueño sagrado. Entre ellos estaban los templos de Isis en la isla de File[21] y en Koptos;[22] el de Imhotep en

Menfis;[23] el de Seti en Abydos;[24] el de Tot en Hermepolis;[25] el de Serapis en Alejandría;[26] el de Ptah Sotma en Menfis;[27] y el templo de Amon-Ra en el desierto de Libia, a doce días de viaje desde Menfis.[28] La popularidad de Serapis como un proveedor de sueños (primero fue reconocido en el período tolemaico)[29] puede indicar que la incubación del sueño aumentó su enorme auge algo tarde en la historia egipcia.

La función original de la incubación del sueño egipcio puede haber sido recibir un método curativo (una medicina, una oración), o experimentar una curación real directamente de la deidad mientras se dormía. Esto fue efectivamente cierto en los templos de Isis, cuyos poderes eran tan grandes que fue descrita como la "curadora de todas las enfermedades".[30]

Un ejemplo de sueño incubado

Mehitousket, la esposa de Setme Khamuas, un famoso mago egipcio, nunca había estado embarazada, por lo tanto fue a dormir en el templo de Imhotep.[31] En su sueño, ella fue instruida para hacer una medicina a partir de una planta y administrársela a su esposo.[32] Siguió este consejo y el remedio tuvo éxito: dio a luz un hijo. Setme Khamuas recibió el nombre del hijo en un sueño y el niño creció para ser un gran mago.[33]

Procedimientos en los templos de los sueños

Los templos en los cuales tenía lugar la incubación, no eran usados solamente para dichos propósitos, por supuesto. Las sacerdotisas, los sacerdotes y el personal general del templo también precedían un gran número de rituales diarios, aconsejando al enfermo y al deprimido, y desarrollando otros deberes. Algunos templos parecían pueblos pequeños, con barberos, jardineros, cerveceros y otros comerciantes.

A partir del conocimiento fragmentado existente se puede crear una representación de los procedimientos que tenían lugar en los templos oráculos de los sueños. La mayoría de los templos eran abiertos para ricos y pobres, viejos y jóvenes, enfermos y sanos, y mujeres y hombres.[34] El adorador llegaba al templo, a veces por su propia voluntad, como resultado de un sueño previo en el cual la deidad afirmaba que él o ella debería visitarla. Los prerequisitos eran la fe absoluta en el poder y la influencia de la divinidad.[35]

A juzgar por las posteriores prácticas tolemaicas egipcias, probablemente seguía una purificación de alguna clase. La pureza absoluta (posiblemente con referencia a actos sexuales no recientes) era un requerimiento para la incubación del sueño.[36] El adorador podía ser instruido para ayunar o tomar algunas mezclas que inducían los sueños benéficos.[37]

Los rituales empezaban, siendo conducidos por el clero del templo (compuesto en gran parte por mujeres y algunos clérigos que servían exclusivamente para los procedimientos de incubación).[38] El suplicante casi siempre ofrecía alguna clase de sacrificio. Luego seguía la invocación de la deidad por parte del clero. Algunas de estas oraciones también podían ser dichas por el paciente para que la deidad "escuchara la oración" y revelara su presencia al adorador ("voltea tu cara hacia mí").[39]

Las oraciones también incluían comúnmente afirmaciones piadosas tales como:

Tu que realizas milagros y eres benevolente en todas las cosas. (Particularmente apropiada para curación).

Tú que le das hijos a quienes no tienen ninguno. (Esterilidad).

Tu que tienes los medios para salvarlo todo.

Luego se le suplicaba a la deidad que se apareciera en el sueño de la persona y revelara la información necesaria. Tales oraciones eran probablemente hechas directamente a la estatua de la deidad, ya que era la representación más cercana de la diosa o el dios.

Después el adorador dormía dentro del templo. Si la deidad lo decidía, aparecía y a menudo se dirigía al adorador por su nombre.[40] Una vez que se había hecho esta identificación, la diosa o el dios procedía a responder las preguntas del suplicante. El sueño-respuesta en algunas ocasiones era muy explícito.[41] Otras veces, el mensaje era enviado en un simbolismo profundo.[42] En cualquier caso, el adorador usualmente se despertaba refrescado espiritualmente, listo para descifrar la naturaleza del mensaje.

Interpretación del sueño

Los sueños captados en un simbolismo místico, por necesidad tenían que ser interpretados. Los soñadores eran asistidos por una clase especial de clérigos intérpretes de sueños,[43] o simplemente por personal espiritual del templo, que estaría íntimamente familiarizado con los símbolos y las formas en las cuales aparecían las deidades.

El clero del templo descifraba los mensajes velados de la deidad. La interpretación de algunos símbolos (serpientes, pájaros, amuletos y otros objetos relacionados directamente con la adoración de la deidad) era probablemente muy simple. Sin embargo, por lo menos ha sobrevivido un libro de sueños del antiguo Egipto, y esto sugiere que tales libros pudieron haber sido empleados en el templo o de manera privada.

Los libros de sueños son catalogados de símbolos o acciones que aparecen en los sueños, con sus respectivas interpretaciones (ver el capítulo 8). El ejemplo egipcio (conocido como *Chester Beatty Papyrus III*) fue encontrado en Tebas, y fue escrito aproximadamente en el año 1350 A.E.C.[44] La evidencia interna muestra que este libro es una compilación de material más antiguo, que probablemente data del año 2000 A.E.C.[45]

El *Chester Beatty Papyrus III* ofrece una fascinante visión dentro del simbolismo de sueños egipcios. En este papiro están registrados unos 108 sueños y sus interpretaciones, y también incluye un hechizo para repeler el efecto de sueños "malos".[46] Desafortunadamente, el papiro ha sido dañado, por lo tanto se ha perdido el material introductorio y algunas frases. Lo que se conserva son las interpretaciones mismas.[47]

El papiro de Beatty está hecho en escritura hierática. Avanzando hacia abajo por la margen derecha (el papiro era leído de derecha a izquierda) se encuentran varios símbolos de sueños. El lado izquierdo contiene las interpretaciones. Cada interpretación empieza con la palabra "bueno" o "malo";[48] las interpretaciones buenas se escribían con tinta negra y las malas con roja, ya que la misma palabra era considerada poco propicia.[49]

Curiosamente, una sección separada en este libro interpreta sueños dados a los adoradores de Set. Sólo se conserva la introducción a esta sección, las interpretaciones no han sobrevivido.[50] Esta es la única distinción hecha por los adoradores de una deidad específica en todo el trabajo. Basado puramente en el razonamiento inductivo, parece probable que el compilador del papiro de Beatty era un adorador de Set, o por lo menos estaba familiarizado con dicho grupo y de ese modo registró dichos sueños. Cada deidad puede haber poseído una interpretación de sueños única para sus adoradores, pero todas se han perdido.

Las interpretaciones registradas en el papiro de Beatty son un tanto unidimensionales. Una autoridad[51] sugiere que el libro de los sueños era un manual de entrenamiento para los nuevos intérpretes de sueños, o fue diseñado para el uso privado de las pocas personas que podían leer; otros afirman que el papiro de Chester Beatty está más cercano a la literatura que a un manual de uso práctico.[52] No se puede saber la verdadera razón de la existencia del papiro hasta que por lo menos se encuentren ejemplos adicionales, y se comparen los papiros.

Enseguida están algunos de los sueños del papiro de Beatty, junto con sus significados. (Las constantes referencias al soñador como "él" pueden haber sido incluidas por Sir Alan Gardiner, el traductor del trabajo; no se tiene evidencia que estos sueños tuvieran un significado solamente para hombres:

Matando un buey: Bueno. Remueve los enemigos del soñador.[53]

Escribiendo en una paleta: Bueno. Establecimiento del oficio del soñador.[54]

Escogiendo pareja: Bueno. La comida será suministrada por ésta deidad.[55]

Viendo un gran gato: Bueno. Viene una buena cosecha para el soñador.[56]

Descubriéndose las nalgas: Malo. El soñador se quedará huérfano.[57] (Esto era un juego de palabras: La palabra egipcia para "nalgas" se parece a la palabra "huérfano".[58] Dicho juego de palabras en el análisis de los sueños egipcios era aparentemente muy común).[59]

Bebiendo vino: Bueno. El soñador vive con rectitud.[60]

Viendo su cara como la de un leopardo: Bueno. Se ganará la autoridad sobre la gente del pueblo.[61]

Viéndose a sí mismo muerto: Bueno. Significa una larga vida.[62]

Matando un buey con las manos. Bueno. Significa eliminar al adversario.[63]

Ocultándose: Bueno. Los enemigos serán removidos de su presencia.[64]

Copulando con un cerdo: Malo. Él será privado de sus posesiones.[65]

Aserrando madera: Bueno. Sus enemigos morirán.[66]

Cayéndose los dientes: Malo. Muerte en manos de sus dependientes.[67]

Atrapando pájaros: Malo. Se perderán algunas posesiones.[68]

Viendo una serpiente: Bueno. Se resolverá en una disputa.[69]

Llenando ollas. Malo. Una gran pérdida.[70]

Vertiendo cerveza desde una vasija: Malo. El soñador será robado.[71]

Como se puede ver en la anterior selección de interpretaciones de sueños egipcios, aceptaban que los símbolos aparentemente positivos a menudo fueran interpretados de manera negativa; y los símbolos negativos, de manera positiva. La muerte del soñador como símbolo de larga vida es un ejemplo excelente. Este concepto también fue aceptado en las antiguas Grecia y Roma, y ha persistido hasta hoy.

Sueños producidos mágicamente

Que la magia y los sueños estuvieron ligados, se hace muy claro en un antiguo papiro en el museo del Ermitaje. Afirma que una de las razones para que Isis creara la magia fue dotar a los humanos con un arma efectiva contra los peligros encontrados estando dormidos o despiertos.[72]

Han sobrevivido pocos rituales egipcios antiguos diseñados para producir sueños inspirados divinamente.[73] Uno de estos es muy famoso. Ciertos nombres son escritos en un pedazo de lino, que a su vez es doblado para crear una mecha de lámpara, se remoja con aceite, se coloca dentro de la lámpara y se enciende.[74] El practicante se abstiene de comer. Luego es pronunciado un encantamiento siete veces ante la lámpara, ésta es apagada y el practicante se va a dormir.[75]

Aunque tales rituales de sueños usualmente eran llevados a cabo en casa, los magos también podían ser consultados para prestar asistencia. Oraciones, hechizos y la manipulación de objetos inusuales (tintas especiales, la escritura de símbolos secretos) se sumaban a estos rituales. Como era usual, se le suplicaba a la deidad que le enviara un sueño al adorador.[76]

Bes y los sueños

Bes parece haber sido una de las deidades personales más populares en el antiguo Egipto. Usualmente representado como un enano desnudo de cara achatada y piernas arqueadas, Bes era el patrón de la música y el arte,[77] y protegía a las mujeres durante el parto.[78] También era invocado antes de dormir para que enviara sueños placenteros[79] y protegiera al soñador de pesadillas.[80] Sobre las cabeceras se colgaban pequeñas imágenes en cerámica de Bes,[81] o su imagen era tallada en la misma cabecera para evitar la aproximación de espíritus malignos mientras la persona dormía.[82]

Bes también era invocado específicamente para enviar sueños proféticos.[83] Para obtener un sueño de Bes, el adorador mezclaba una tinta mágica compuesta de ingredientes tales como olíbano, mirra, agua lluvia, cinabrio, jugo de mora, jugo de ajenjo, combinados con tinta negra normal.[84]

El adorador utilizaba esta tinta para hacer un dibujo o símbolo de Bes en su mano izquierda. La mano derecha era envuelta en el extremo de una tira larga de tela negra que podía haber sido consagrada para Isis. Se mantenía silencio mientras el adorador se reclinaba para dormir. En este punto el sobrante de la tela negra se enrollaba en el cuello y, durmiendo en esa postura algo inusual, el adorador luego experimentaría una visión de Bes en un sueño.[85]

Remoción mágica de los sueños dañinos

Si en un sueño aparecía una advertencia sobre un desastre inminente, el adorador, naturalmente, le rezaba a su deidad para que lo liberara de ese peligro predicho. Tal vez un segundo sueño sería incubado o producido mágicamente para recibir el consejo de la divinidad y así evitar el futuro infeliz pronosticado.

Los hechizos para asegurar que los sueños no se hicieran realidad también se utilizaban en la incubación del templo. Un ejemplo existente resume la naturaleza de estos hechizos. Al despertarse por un sueño aterrador, el soñador era instruido por el clero para que le rezara a Isis pidiéndole que alejara las fuerzas malignas (o para que de otra manera, previniera la manifestación del sueño). El adorador era presentado con pan mojado en cerveza y mirra, con el cual empapaba inmediatamente su cara.[86] La cerveza y el pan probablemente se utilizaban en este hechizo porque ambos eran sagrados para Isis, la cervecera divina.

Está claro que la religión personal dentro de los antiguos egipcios estaba profundamente afectada por el dormir y el soñar. Las deidades se unían a sus adoradores mientras estos dormían. Las divinidades también eran invocadas para proteger al soñador y producir sueños. Las curaciones ocurrían mientras se dormía en el templo. Los sueños eran unos de los pocos métodos que los humanos poseían para gozar de la presencia de sus deidades.

Los dioses del antiguo Egipto no existían en las cimas de montañas inaccesibles. Circundaban a sus adoradores con amor, cuidado y apoyo, y les comunicaban sus preocupaciones a través de los sueños.

Capítulo 3

EL MEDIO ORIENTE: SUMERIA, BABILONIA Y ASIRIA

Los sumerios conformaban un pueblo extraordinario y no semítico, caracterizado por sus originales logros en las leyes, educación, reforma social, medicina, agricultura, filosofía, arquitectura y literatura.[1] Aún más sobresaliente es que la existencia de este pueblo permaneció desconocido hasta hace casi 140 años,[2] cuando los arqueólogos buscando lugares asirios empezaron a tropezarse con la sorprendente evidencia de una cultura aún más antigua. La evidencia aumentó lentamente. En 1850, un arqueólogo leyó un articulo en el cual expresaba la duda que los asirios y babilonios habían inventado la escritura cuneiforme.[3]

Hasta ese tiempo, la arqueología del Medio Oriente había estado concentrada principalmente en probar la veracidad de la Biblia, y sólo se estudiaban las culturas semíticas (Babilonia, Asiria, Akkad). Parecía absurda la posibilidad de que una cultura no semítica hubiera existido antes de los babilonios, ya que no se había mencionado ninguna en la Biblia. Los argumentos resultantes condujeron a excavaciones arqueológicas en Irak. Los artefactos y construcciones encontrados ahí, finalmente establecieron la existencia de Sumeria.[4] Luego se continuaron muchas excavaciones.

La arqueología sumeria siguió siendo estorbada durante décadas por arqueólogos de mente cerrada. Sin embargo, pronto los arrolladores restos lingüísticos y plásticos de una antigua cultura no semítica no pudieron ser refutados, y Sumeria entró a los libros de historia.

Sumeria

Las primeras colonias en Sumeria datan más o menos del año 4500 A.E.C.[5] Durante 2750 años, Sumeria dominó Mesopotamia, produciendo una rica cultura filosófica. Se sabe muy poco con respecto a la historia más antigua de Sumeria. Los sumerios carecían del concepto de evaluación histórica y creían que la mayoría de los eventos eran determinados y ejecutados por sus deidades sin la ayuda humana.[6] Los registros más antiguos solamente están relacionados con los ofrecimientos religiosos y la construcción de templos para gobernantes. A pesar de eso, es posible formular algunas ideas concernientes a la concepción, la religión y a los sueños por parte de los sumerios.

La religión sumeria

La religión sumeria era politeísta. Las primeras deidades surgieron directamente de la naturaleza: el Sol, la Luna, el cielo, las nubes, la tierra, el mar, el agua, el viento, los ríos, las montañas, y otras fuerzas y reinos.[7] Las herramientas vitales para los antiguos sumerios también eran asociadas con las deidades.[8] Las divinidades crearon todo lo que existía a través del poder que se manifestaba en sus palabras.[9]

Los sumerios pensaban que los humanos eran creados para un simple propósito: servir y adorar a las deidades.[10] La vida era una serie de dudas y temores concernientes al futuro. Ni la muerte ofrecía una liberación: los espíritus de los fallecidos viajaban a un mundo monótono y triste, lleno de oscuridad, donde la existencia era aun más lúgubre que la experimentada en la tierra.[11] No parecía haber rastro del concepto de reencarnación. Efectivamente, los sumerios denominaban el más allá como "la tierra sin regreso".[12]

Las deidades sumerias eran vistas como seres completamente antropomórficos,[13] aunque mucho más poderosos que cualquier humano. Las divinidades disfrutaban de la comida y la bebida (de ahí las ofrendas de alimentos). Se casaban, tenían hijos, apoyaban el hogar y exhibían todas las virtudes y debilidades de los humanos.[14]

Los sumerios pueden haber sido la primera civilización en reconocer una divinidad personal, a través de la cual se podía realizar el contacto con deidades superiores.[15] Los dioses y las diosas mayores (An, el dios del cielo; Enlil, el dios del viento; Ninhursag, la gran madre diosa; y Enki, el dios de la sabiduría) eran simplemente muy poderosos y tenían muchos deberes para estar preocupados directamente por los deseos humanos. De este modo, eran aproximados por medio de las divinidades personales, quienes tal vez tenían menos responsabilidad y por lo tanto podían ser contactados por adoración personal y no a través de rituales.[16]

Aunque los actos de piedad personal (oración, ofrecimientos, etc.) eran altamente respetados,[17] los rituales del templo eran considerados de gran importancia. Cada ciudad estado se jactaba de una deidad y un templo, y era dicha divinidad la que en gran parte protegía a quienes vivían dentro de sus confines. Los templos dedicados a deidades específicas datan por lo menos del año 3000 A.E.C.[18]

Los sueños entre los sumerios

Ha sobrevivido poca información sobre los sueños sumerios. Sabemos que este pueblo aceptaba el origen divino de al menos algunos sueños. Posiblemente se pensaba que la deidad entraba en la conciencia del soñador a través de una abertura en la cabeza, porque algunos textos afirman que la divinidad que proporcionaba el sueño se "posaba" en la cabeza del soñador.[19]

El primer sueño sumerio registrado fue experimentado por Eannatum, el gobernante sumerio de la ciudad estado de Lagash. Más o menos en el año 2450 A.E.C., Eannatum registró que su dios personal, Ningirsu, "se posó en su cabeza" mientras él estaba durmiendo y, en un sueño, le informó que durante la guerra venidera, contra la ciudad de Umma, el rey de Kish no apoyaría ningún bando.[20]

Otros indicios se pueden obtener a partir de un poema religioso que fue preservado en dos cilindros encontrados en unas excavaciones en Lagash. Estos documentos representan el más largo escrito sumerio conocido en existencia. En esta narrativa están incluidos cuentos de los sueños divinos de Gudea (quien gobernó Lagash desde el 2199 hasta el 2180 A.E.C.). En un sueño, Gudea ve una figura masculina alta, que lleva puesta una corona divina. De los hombros de esta figura brotaron alas y luego se posaron leones a su lado.[21]

El sol se eleva rápidamente en el sueño. Una mujer se le aparece a Gudea, llevando un estilo de oro y una tableta de arcilla que tenía un boceto de las estrellas. Ella es seguida por un "héroe" que lleva una tableta de lapislázuli. El héroe dibuja los planos de un templo sobre la tableta. Muy cerca, un asno está pateando la tierra.[22]

Cuando se despierta, Gudea está extremadamente perplejo por este sueño, por lo tanto viaja al templo de Nanshe, la diosa que interpreta sueños divinos. Ya en el templo, Gudea hace sus ofrecimientos y reza, luego duerme. Estando dormido relata el perturbador sueño a Nanshe:

> *Algo ha llegado a mí en las visiones de la noche; su significado no lo sé ... puede ser la profetisa, la que tiene el conocimiento de lo que me pertenece; puede que mi diosa Nanshe me revele su importancia...*
> *Oh Nanshe, oh reina,*
> *Oh ama y señora de decretos impenetrables...*
> *tu palabra es fiel e iluminas con intensidad,*
> *Tú eres la profeta de las divinidades...*
> *Oh madre, intérprete de sueños,*
> *En medio de mis sueños yo vi...*[23]

Gudea relata su sueño. Luego, Nanshe lo interpreta para él: el hombre alto era el dios Ningirsu, dice Nanshe; él le ordenó a Gudea construir un nuevo templo para su adoración. El amanecer representaba la deidad personal de Gudea: Ningishzida. La mujer con el estilo y la tableta de arcilla era Nisaba (diosa de la escritura); las estrellas que aparecen en su tableta eran un mandato divino para construir el templo de acuerdo con las "estrellas sagradas" (posiblemente una referencia a las consideraciones astrológicas).

El "héroe" que lleva la tableta de lapislázuli era Nindub (un dios arquitecto), quien naturalmente dibujó el plano para el nuevo templo. Finalmente, el asno que pateaba la tierra era el mismo Gudea, representado como alguien impaciente por cumplir las órdenes de las deidades. Después de despertarse, Gudea ofreció un sacrificio, encontró sus augurios positivos, y llevó a cabo las instrucciones de Ningirsu.[24]

Este relato es invaluable, porque revela muchos aspectos del soñar sumerio (mostrados a continuación).

✦ Los sueños podían ser recibidos de las deidades.

✦ Varias divinidades podían aparecer en un sueño, todas conectadas con el mensaje del sueño.

✦ La deidad personal del soñador también podía estar presente.

✦ El simbolismo del sueño podría ser misterioso; en este caso, se le podía pedir a las deidades que interpretaran el sueño; además, una clase de sacerdotes sumerios, era especializada en la interpretación onírica.[25]

✦ En Sumeria existía alguna forma de incubación de sueño; ya que todas las acciones de los humanos y sus futuros eran determinados por las deidades, parece razonable que los adoradores visitaran los templos para aprender por lo menos una parte de estos planes divinos; sin embargo, la incubación del sueño no era necesariamente un método exclusivo de recibir la guía divina; como lo indica la historia de Gudea, las personas pueden haber ido al templo con este propósito más a menudo después de recibir un sueño misterioso en cualquier parte.

✦ El soñador puede ser representado de una manera simbólica en el sueño.

✦ Los sacrificios se hacían después de la incubación del sueño.

Un mayor discernimiento sobre los sueños sumerios se lo encontramos en un texto titulado "The Death of Dumuzi" (1750 A.E.C.). En este trabajo, Dumuzi, el dios pastor de Erech, tiene una premonición de su propia muerte. Él se aventura hacia la llanura salvaje, cae dormido y sueña con una experiencia aterradora y ominosa. Al despertarse, encontrándose incapaz de descifrar el simbolismo del sueño, Dumuzi llama a su hermana, Geshtinanna (la famosa diosa de la interpretación de sueños divinos, además de poetisa y cantante) para que interprete su sueño.[26] Desgraciadamente, ella afirma que se trata de un pronóstico de su muerte. La manera como podían morir las deidades ha sido dejada sin explicación por parte de los más antiguos escribas sumerios, aunque esta puede ser una pista de sus orígenes humanos.

Este texto adiciona información más profunda a nuestro estudio de los sueños en Sumería: hasta los dioses soñaban y podían experimentar dificultad para interpretar sus visiones nocturnas.

Las diosas como intérpretes de sueños

A partir de la información obtenida de estas fuentes y del poema épico sumerio, *Gilgamesh*, hemos quedado con la fuerte impresión que las deidades sumerias asociadas con la interpretación de sueños, eran todas diosas: Nanshe, Geshtinanna y Ninsun (mencionada en *Gilgamesh*). Es cierto que los textos de la Sumeria antigua son escasos, pero parece seguro afirmar que, aunque los dioses podían aparecer en los sueños, las deidades masculinas no ofrecieron interpretación onírica en Sumeria.

Babilonia y Asiria

Babilonia apareció como un poder político independiente, siguiendo un cambio en el clima de la región. Su establecimiento aparentemente se hizo posible por la retirada del río Tigris, el cual expuso una gran sección de tierra fértil, que previamente había sido inhabitable, extendiendo el Norte y el Este de las ciudades bien establecidas del Imperio sumerio. La colonización de los pueblos semíticos empezó aproximadamente en el año 2371 A.E.C.,[27] y se desarrollaron varias culturas.

La primera civilización importante en hacer raíces en lo que después se conoció como Babilonia fue Akkad (nombrada la ciudad capital). En contraste directo con Sumeria, los acadios eran un pueblo semítico. Conquistaron rápidamente a Sumeria (aunque persistían ciertos aspectos de la cultura sumeria, las ciudades estados ya no eran independientes).

El período de gobierno acadio fue bastante corto —unos 141 años—.[28] Sin embargo, es de gran importancia porque los acadios fueron los primeros que introdujeron elementos semíticos (no hebreos) antiguos a las prácticas religiosas sumerias.

Un pueblo conocido como Gutiano desplazaron a los acadios, pero a su vez fueron desplazados por los sumerios, quienes restablecieron su cultura. Este nuevo período sumerio persistió aproximadamente desde el 2112 hasta el 2004 A.E.C.,[29] cuando Babilonia derrotó a Sumeria.

Bajo el régimen babilonio, Sumeria fue un lugar que cambió mucho. Fueron introducidas nuevas deidades (a menudo correspondientes a diosas y dioses sumerios). Los babilonios aprendieron la escritura cuneiforme y empezaron a registrar su historia. Varios de los primeros gobernantes ordenaron la trascripción de textos sumerios antiguos en un intento por preservar su sabiduría. Una colección de tales textos (escritos sobre tabletas de arcilla) fue hecha para la biblioteca de Asshurbanipal (668–627 A.E.C.), durante un período posterior de régimen asirio, después que este pueblo había conquistado a Babilonia.

Se mezclaron elementos difusos de estas culturas con sus predecesores sumerios. Con dificultad determinamos qué cultura creó la información contenida en el resto de este capítulo.

Adivinación babilonia y asiria

Los primeros pueblos que habitaron Babilonia parecen haber tenido mucho en común con los sumerios: la voluntad de las deidades era absoluta, después de la muerte sólo seguía una existencia monótona, y las deidades tenían que ser propiciadas constantemente para prevenir calamidades desastrosas.[30] Las artes de la magia, profecía, adivinación e interpretación de sueños fueron desarrolladas plenamente y complementadas con la asistencia del clero y ritos específicos.[31]

El arte de la adivinación tuvo auge en el mundo babilonio como un medio para determinar la voluntad de diosas y dioses. Las diversas formas utilizadas incluían la *aruspicia* (examinación del hígado de animales sacrificados); la observancia de presagios, la *leconomancia* (determinación de signos cuando se vierte aceite en agua); *libanomancia* (adivinación con humo), y otras prácticas.[32] La mayoría de estos métodos de adivinación eran reservados para el clero, usualmente en beneficio de los gobernantes.[33] No obstante, existía otra herramienta de ganar el acceso a la voluntad de las deidades: el sueño.

Sueños babilonios y asirios

Los asirios reconocían que sólo durmiendo el hombre podía comunicarse libremente con las deidades.[34] Algunas veces la comunicación tomaba la forma de un sueño simbólico,[35] pero los sueños también podían ser muy claros. Excepto por aquellos inspirados por demonios, la mayoría de los sueños eran revelaciones de la voluntad divina.[36]

Los reyes babilonios y asirios recurrían siempre a los sueños para gobernar, planear y ejecutar la construcción de trabajos públicos, formular estrategias de batalla, y hasta para elevar sus espíritus. Bajo apariencia de diosa de la guerra, Istar se le apareció a Asshurbanipal en un sueño y lo dirigió para que atacara un pueblo vecino.[37]

Después, cuando el gran rey asirio se estaba sintiendo desalentado, Istar se le apareció de nuevo en un sueño y le prometió que marcharía frente al ejército de Asshurbanipal y lo conduciría a la victoria.[38] Otro rey babilonio, Nabonidus, vio en su sueño a Marduk y a Sin ordenándole restaurar el templo en Herran.[39] Existen otros ejemplos de tales sueños.[40]

Durante los relatos de estos sueños divinos espontáneos, las deidades a menudo son descritas como "posándose en la cabeza" de la persona que duerme, lo cual puede indicar que se creía que la divinidad entraba al cuerpo del soñador a través de su cabeza.[41] Alternamente, el alma humana podía salir del cuerpo y ser llevada por la deidad mientras se estaba durmiendo.[42]

Incubación del sueño

El proceso del sueño sagrado fue de uso más general en la antigua Babilonia que en Sumeria. Sin embargo, había una diferencia principal: en lugar del adorador recibir el sueño, una clase especial de adivinador del clero (el *sha-bru*), soñaba por el suplicante.[43]

Se reservaba un salón especial solamente para este propósito. Dentro de él, el *shabru* entraba en un estado de sueño divino con la petición del adorador. En la mañana, el *baru* (adivinador), interpretaba el sueño para el suplicante.[44] Dormir en el templo (incubación del sueño) parece haber sido una medida de emergencia. La evidencia sugiere que la forma más tradicional de incubación (en la cual el suplicante recibe directamente el sueño divino) también se utilizaba,[45] pero los "durmientes profesionales" eran muy populares.

Por lo menos ha sobrevivido un ejemplo de incubación de sueño personal, el cual revela que los parientes o amigos podían soñar por otros. Cuando estuvo en Babilonia, Alejandro Magno se enfermó, y por ello envió sus generales a E-Sagila (el templo de Marduk) para que soñaran una cura para él.[46]

Deidades de los sueños

En común con la mayoría de otras culturas, los babilonios y asirios le asignaban sueños a deidades específicas. Dentro de éstas estaba la diosa Mamir (conocida además como Mamu y Mami, también era una partera divina); Mamu-da-ge (obviamente una emanación de Mamu); Zakar (también conocido como Zaqiqu), un emisario del dios luna Sin; y Zakar-mas-ge. Sobre todos ellos estaba Shamash, dios del sol, señor de la visión, el divino creador de los sueños. Todas las deidades de los sueños estaban bajo su control.[47]

Ya mencionamos que Istar visitaba a los reyes en sueños y les daba consejos para diseñar planes de batalla. Su fama en este contexto de alguna manera puede ser relacionada con sus asociaciones lunares, porque así como la Luna le trae luz al cielo nocturno, Istar le da iluminación a sus adoradores en la noche.

Oraciones para los sueños

Se han conservado fragmentos de oraciones asirias diseñadas para crear sueños positivos y edificantes (y prevenir sueños malos). La oración asiria para el sueño, que se presenta a continuación, fue encontrada en la biblioteca de Ashurbanipal:

> *Oh dios de la luna nueva [Sin];*
> *Sin rivales en poderío,*
> *Cuyo consuelo nadie puede comprender;*
> *Yo he vertido para ti una libación*
>   *de la noche;*
> *Te he ofrecido una bebida pura,*
> *¡me hinco a ti, me paro ante ti,*
>   *te busco!*

¡Dirige pensamientos de favor y justicia
hacia mí!
Que mi dios y mi diosa que desde hace días
han estado molestos
conmigo,
Puedan reconciliarse en rectitud y justicia,
¡Que mi cambio puede ser más afortunado,
mi camino directo!
Y que me envien a Zakar,
el dios de los sueños,
En medio de la noche
para que libere mis pecados.[48]

Interpretación de los sueños

La interpretación de los sueños asirios y babilonios estaba ampliamente gobernada por un material onírico (del cual se ha perdido una gran parte). Dentro de los elementos de gran importancia en los sueños están los movimientos, los números, las posiciones (izquierda o derecha), y la aparición de las deidades en forma de seres humanos.[49]

En Babilonia se registraron en once tabletas una serie de pronósticos de sueños asignados a Zakar (Zaqiqu), el dios de los sueños.[50] Probablemente fueron escritos alrededor del año 1500 A.E.C.[51]

Se sabe mucho acerca de la interpretación asiria de los sueños. Si el soñador vuela repetidamente, lo perderá todo;[52] mientras que encontrarse un pájaro en un sueño indica el futuro retorno de una pertenencia perdida.[53]

Recibir una copa vacía predice una pobreza futura; una olla llena anuncia fama en el futuro y una gran familia.[54] Cortar datileras significa que los problemas del soñador serán resueltos,[55] y agarrar una serpiente indica protección divina.[56]

Los asirios también aceptaban el significado contrario de los sueños. Soñar ser bendecido por una deidad indicaba que la cólera de la deidad se iría contra el soñador, y si la deidad maldecía al soñador, sugería que sus oraciones serían aceptadas.[57]

Sacerdotisas de la interpretación de sueños

Una clase especial de sacerdotisas acadias (*sa'iltu*) eran especialistas en la interpretación de sueños. Estas sacerdotisas pertenecieron a los primeros años de la cultura babilónica, y a menudo eran consultadas por mujeres.[58]

Evitar la influencia de sueños malignos

Algunos sueños, inspirados por los numerosos demonios que habitaban el mundo babilonio, eran unas verdaderas pesadillas. Tales sueños no sólo perturbaban a la persona cuando dormía, también afectaban su salud. Cuando esto ocurría, la víctima visitaba un exorcista para que removiera al demonio causante de la pesadilla.

Otra manera de destruir la influencia de un sueño maligno era contarlo a un pedazo de arcilla y luego disolver ésta en agua mientras se pronunciaban oraciones exorcísticas. Esta acción liberaba al soñador de la contaminación del demonio.[59] En la antigua Sumeria aparentemente se utilizaban prácticas similares.[60]

En un tercer método empleado para repeler las influencias negativas de las pesadillas, la víctima pedía un sueño divino que revelara las formas más apropiadas de sacar el mal. Tales prácticas rituales datan del año 1700 A.E.C.[61]

Gilgamesh

Los sueños juegan un papel central en la *Epopeya de Gilgamesh*, de la cual algunas partes datan de la antigua Sumeria (4000 A.E.C.), aunque las copias existentes más completas son babilónicas. Enkidu, un "hombre salvaje" del bosque, ha conocido una cortesana llamada Shamhat (quien probablemente era una prostituta sagrada, perteneciente al templo de Istar en Uruk).[62] Shamhat le dice a Enkidu que debe ir a Uruk a conocer al rey Gilgamesh, un hombre "radiante". La cortesana afirma que el rey será notificado de la llegada de Enkidu en sus sueños.[63]

Efectivamente, Gilgamesh tiene dos sueños proféticos en esta épica. En el primero, él está caminando por la noche en Uruk con algunos amigos, cuando encuentra un meteoro en la calle. Gilgamesh trata de levantarlo pero es incapaz de hacerlo debido al peso. Ayudado por otros, amarra el meteoro con correas y lo lleva a donde su madre. Se siente tan atraído por el cuerpo celeste que, en el sueño, le dice a su madre, la diosa Ninsun (adorada en Uruk y sobresaliente por su sabiduría), que el meteoro le ejerce una empatía similar a la de una mujer. La madre de Gilgamesh declara que el meteoro es su hermano.[64]

La mañana siguiente, Gilgamesh se despierta y le cuenta el sueño a su madre. Ella le explica que el meteoro, que ella creó para él, sería su querido amigo (Enkidu), a quien amará como a una mujer, y quien a su vez le será fiel.[65] Así, se hizo realidad la predicción de Shamhat de que Gilgamesh sabría del inminente arribo de Enkidu.

Gilgamesh le relata a Ninsun un segundo sueño que ha tenido, en el cual fue arrastrado poderosamente hacia un hacha de forma extraña que encontró tirada en las calles de Uruk. Amaba el hacha como si fuera una mujer y la llevaba consigo. Su madre interpreta el sueño diciendo que el hacha es el valiente compañero que pronto se unirá a él en Uruk y rescatará a su amigo.[66]

De este modo, Gilgamesh experimentó dos sueños proféticos, los cuales predijeron la llegada de Enkidu, el hombre salvaje de las montañas, quien corre desnudo con las bestias y duerme en el suelo.

Me he explayado en esta epopeya porque representa una de las primeras referencias mesopotámicas de sueños proféticos. Ya que estos sueños fueron enviados a Gilgamesh por su madre, la diosa "sabia" Ninsun, pueden ser correctamente clasificados como sueños divinamente inspirados.

Capítulo 4

GRECIA

Los antiguos griegos son mejor recordados por sus magníficos logros en el arte, la medicina, los ideales políticos, la filosofía, la literatura y la arquitectura. Fueron originales y eclécticos, pidiendo prestado libremente a los pueblos de Egipto, Asia Menor, Babilonia y otras culturas contemporáneas. La evidencia de tal aproximación cultural es muy aparente en los antiguos conceptos griegos concernientes a los sueños, que fueron fuertemente influenciados por el pensamiento egipcio y babilonio.

Capítulo 4

Tipos de sueños

Los griegos hicieron una distinción entre los sueños verdaderos y falsos.[1] También diferenciaron los sueños divinamente inspirados de los que eran causados por las actividades e intereses diarios.[2] La mayoría de los sueños eran considerados eventos que habían ocurrido realmente, no fantasías sin significado.[3]

Pindar afirmó que, durante el día, el alma "dormitaba" y el cuerpo estaba activo. En la noche, el cuerpo dormía y el alma estaba activa, y podía recibir advertencias sobre el futuro.[4] Las deidades se posaban en la cabecera de la cama y le daban consejo a sus adoradores mientras dormían.[5]

No todos los griegos aceptaban el concepto de los sueños divinos. Demócrito escribió que los sueños podían ser emanaciones de personas u objetos vivos que penetraban la consciencia del soñador mientras dormía (un concepto que parece anticiparse a las posteriores teorías sobre telepatía que negaban el origen divino de los sueños.[6] El filósofo Jenófanes rechazaba todas las formas de adivinación, incluyendo los sueños.[7]

Sin embargo, la mayoría de los escritores griegos antiguos (incluyendo a Platón, Aristóteles y Posidonio) opinaban que el dormir era un período de comunicación entre los seres humanos y divinos, y que los sueños eran los recuerdos de tales conversaciones.[8] Este concepto fue ampliamente mantenido a través del antiguo mundo griego.

En los primeros tiempos, la mayoría de sueños divinos, según los griegos, eran enviados por Zeus. Posteriormente, los sueños de oráculo eran recibidos de Atenea, Hera, Artemisa, Asclepio, Hermes (como el emisario de Zeus), Pan (como el "conductor de sueños"), y muchas otras deidades. Hermes era especialmente conocido como el dador de sueño refrescante, y el dios Hipnos regía especialmente el acto de dormir.

Incubación del sueño

La incubación del sueño para los griegos (*enkoimisis*), la práctica de visitar lugares sagrados con la intención de recibir un sueño útil e inspirado, estaba muy influenciada por las prácticas similares de los egipcios y babilonios, aunque existen rastros anteriores de incubación griega de los sueños. Puede haber sido una práctica establecida antes del año 333 A.E.C.[9] Los sueños recibidos dentro de los recintos sagrados de un templo de sueños, eran considerados de inspiración divina, más que los recibidos en la casa, y por lo tanto, eran más autoritarios.[10]

Algunos templos estaban abiertos para cualquiera que deseara un sueño divino.[11] Otros, incluyendo los templos griegos de Isis, admitían sólo a quienes habían sido invitados en un sueño por una deidad.[12] Este sueño se le contaba al personal del templo, que determinaría su veracidad y si era un llamado divino para visitar el recinto.[13] Si una persona que deseaba un sueño divino no podía viajar físicamente al templo, un pariente o amigo cercano podía desarrollar esta función en su lugar.[14]

Templos de incubación de sueños

La mayoría de las decoraciones de estos templos y santuarios eran de una gran belleza natural, y las mismas estructuras eran hermosas y de diseños inspirados. Estos templos se hicieron tan populares, que habían 420 dedicados solamente a los sueños curativos de Asclepio,[15] y muchos estuvieron en uso continuo durante más de mil años, en el período helénico de la historia griega.[16] Visitar un templo de sueños era uno de los ritos religiosos más populares de ese tiempo.

Cada templo poseía sus propias prácticas, que variaban de una región a otra, pero todos estaban diseñados para aumentar la probabilidad del sueño divino y asegurar que fueran recordados por el adorador en la mañana.[17]

Al llegar al templo, el clero determinaba si la persona estaba "pura" (es decir, libre de recientes actos sexuales). El suplicante era puesto a dieta, prohibiéndosele el consumo de ciertos alimentos.[18] El alcohol también era prohibido.[19]

Las ceremonias de purificación usualmente incluían baños rituales,[20] unción con aceites,[21] y la quema de olíbano y otras fumigaciones fragantes.[22] La administración de mezclas que producían sueño, también era una parte fija de los rituales preincubatorios.[23]

El ritual real usualmente empezaba con un sacrificio (u ofrenda al templo), por parte del suplicante. La naturaleza de este sacrificio o regalo estaba determinada por la riqueza de la persona: el pobre sólo podía ofrecer tortas delgadas, aplastadas y perforadas, remojadas en miel o aceite, mientras que los más ricos ofrecían dinero, alimentos, cerdos, carneros,[24] cabras y otros animales.[25]

Si un carnero era sacrificado, el adorador podía dormir sobre o al lado de la piel del animal.[26] Los sacerdotes a menudo tenían una parte del animal sacrificado, después que había sido "quemado" (cocido) sobre el altar.[27] Sin embargo, el sacrificio animal no era prerrequisito de los rituales de incubación del sueño. Los ofrecimientos de toda clase usualmente eran acompañados por oraciones, cantos y música. El suplicante y los clérigos del templo rezaban para que el deseo se cumpliera.[28]

Luego seguían los rituales llevados a cabo por los clérigos, y podían incluir la llevada del suplicante dentro de la cámara interior del templo para que estuviera cara a cara con una gran estatua de la deidad.[29] Algunas veces, la parte enferma del adorador era tocada en la estatua. Finalmente, los suplicantes se vestían de blanco (se pensaba que este color inducía los sueños) y se iban a dormir en el templo.[30]

Interpretación

En la mañana, el adorador puede haber recibido un claro sueño que no necesitaría interpretación. Si ese no era el caso, el clero del templo interpretaba el sueño.[31] En los templos de curación por medio de sueños, la naturaleza de la cura proporcionada por la deidad (usualmente Asclepio) era interpretada por las sacerdotisas y los sacerdotes.[32] En Grecia se utilizaron guías estandarizadas para la interpretación de símbolos de sueños.

Sueños negativos

Los sueños que al interpretarlos predecían enfermedades futuras, muerte, miseria, pérdida de fortuna o posición, y otros eventos negativos, llamaban a la acción. Había muchos métodos para repeler esas malas predicciones. El sueño podía ser recitado a Helios (el Sol), cuya luz brillante quemaría o asustaría al mal. Alternamente, se podían hacer sacrificios a las deidades protectoras. Las calamidades menores pronosticadas en los sueños eran ahuyentadas por un simple baño ritual.[33]

Incubación del sueño y curación

Aunque los templos de sueños en la Grecia antigua tenían muchas funciones, algunos estaban asociados a la curación.[34] Unos pocos parecen haber estado dedicados específicamente a curar la disfunción sexual y la infertilidad.[35]

Siguiendo posteriormente la influencia egipcia, la mayoría de los templos se convirtieron en centros dedicados únicamente a la curación.[36]

Había dos formas principales de terapia curativa dirigida por el sueño en la antigua Grecia. La primera era dedicada a Asclepio, quien era adorado en toda Grecia, mientras que la segunda se apoyaba en las teorías de Hipócrates.

Asclepio

Asclepio, quien vivió alrededor del año 1100 A.E.C., fue descrito por Homero como un hombre que había aprendido el arte de la medicina a partir de Cheiron, el famoso centauro. A través de los siglos fue deificado y aumentó vertiginosamente su popularidad.

El templo más famoso de Asclepio estaba localizado en Epidauro. Las inscripciones en este templo indican que su adoración empezó aproximadamente en el año 500 A.E.C.[37] Las estelas descubiertas en las ruinas de Epidauro preservan los sueños, enfermedades y curas milagrosas de muchos pacientes que habían pasado la noche en el templo.[38]

Aunque era un lugar de curación y cuidado, a nadie se le permitía morir dentro de los límites del templo. A las mujeres a punto de dar a luz también se les prohibía entrar, ya que el recinto[39] tenía que permanecer libre de la muerte y nacimiento.[40]

Todos los templos de Asclepio contenían estatuas de la deidad. En sus templos también se encontraban imágenes más pequeñas de Hipnos (dios griego del sueño),[41] Nix (dios de la noche), Higeia (la diosa que protegía la salud), y Telésforo (el dios de la convalecencia).[42]

Ofrendas de "agradecimiento"

Durante el sueño, a menudo ocurría una curación en las manos de la deidad asistente al templo. Estos eran momentos de gran celebración y gratitud, y demandaban la presentación de ofrendas de agradecimiento.[43] Tales ofrecimientos eran hechas no sólo a Asclepio, sino también a otras deidades asistentes, incluyendo a Higeia, Hipnos y Telésforo. Los sacrificios a Higeia (protectora de la salud) eran considerados de gran importancia.[44]

La mayoría de las ofrendas eran de dinero u objetos sagrados destinados a ser usados en el templo. Sin embargo, como es la práctica en Lourdes hoy, también se daban pequeños modelos de las partes curadas del cuerpo de los adoradores, hechos de marfil, bronce, plata, barro u oro.[45]

Hipócrates y el diagnóstico del sueño

Hipócrates (430 A.E.C.) es el supuesto autor de un gran número de escritos médicos. No se ha precisado claramente cuáles de los sesenta trabajos conservados (escritos entre el 430 y el 330 A.E.C.) son de él, pero muchos procesos médicos son atribuidos a este famoso curador. Entonces, las siguientes referencias a Hipócrates, se hacen a los trabajos de varios autores anónimos más que a libros de un ser humano en particular.

La tradición hipocrática de la medicina griega estaba fundamentada (en parte) sobre el concepto de que la mayoría de los sueños eran herramientas útiles para el diagnóstico de enfermedades y otros desórdenes corporales. Hipócrates admitía que algunos sueños contenían sabiduría divina, pero daba gran énfasis al aspecto diagnóstico de ellos. También escribió algo con desdoro a cerca de los intérpretes griegos de sueños, afirmando que ellos a veces acertaban, pero que a menudo ocurría lo contrario.[46]

La sabiduría hipocrática de los sueños era muy específica. Como la mayoría de sistemas de interpretación de sueños antes de Artemidoro, el hipocrático también fue estandarizado. La característica más distinguible del método hipocrático fue que la mayoría de los sueños eran vistos como presagios de enfermedades inminentes o de una buena salud futura. Los símbolos específicos y hasta el tono emocional del sueño fueron estudiados cuidadosamente.

Los sueños hipocráticos positivos

Dentro de los sueños positivos que interpretó Hipócrates están incluidos los siguientes: caminar de una manera "segura" o correr rápidamente y sin temor, la visión de ríos fluyendo suavemente con agua clara, y ver la lluvia suave y árboles cargados de frutas.[47] Tales sueños indicaban que la vida y la comida puras, el aire y el agua mantendrían la salud del soñador. Ver el muerto limpio y vestido con ropa blanca, también era considerado como un presagio de buena salud, ya que los muertos nutren lo viviente.[48]

Sueños negativos

Estos eran tan comunes como los presagios positivos. Si la vista o el oído salían perjudicados en un sueño, esto predecía un problema en la cabeza. Si los ríos corrían de manera anormal, el soñador estaba sufriendo de un desorden en la sangre, un bloqueo, o algún otro problema. El muerto que aparecía desnudo en un sueño, vestido con ropa oscura, o cubierto con mugre o polvo, era un signo seguro de enfermedad, como lo eran pelear o ser atado o apuñalado.[49]

Hipócrates prescribe oraciones para sueños buenos y malos. A Atenea, Zeus, Hermes y Apolo se les agradecía por los sueños positivos, mientras que los sueños negativos eran tiempos para rezarle a los héroes (incluyendo a Heracles), Gea, y a todas las deidades que ahuyentaban las malas influencias, incluyendo a Zeus.[50]

Artemidoro y la interpretación del sueño

Aproximadamente en el año 140 A.E.C., un lidio llamado Artemidoro escribió su trabajo épico: una guía de cinco volúmenes para la interpretación de sueños titulada *Onirocrítica* (*The Interpretation of Dreams*). Artemidoro había sido inspirado en un sueño por Apolo para hacer esa enorme tarea, la cual fue muy exitosa. La *Onirocrítica* es el trabajo más completo de interpretación de sueños que ha sobrevivido del mundo antiguo.

El trabajo de Artemidoro fue simple, aunque revolucionario. Se propuso separar los elementos supersticiosos de la interpretación de sueños (es decir, aquellos que no estaban basados en los hechos) de los métodos probados.[51] Más importante aún fue su concepto de que la individualidad del soñador debía tenerse en cuenta para interpretar el sueño con precisión.[52]

Artemidoro escribió que los sueños revelan el futuro y podrían ser guías invaluables para la acción humana. Basaba sus actitudes y teorías en los hechos históricos, la tradición oral y la experiencia personal.[53] Pensaba que los sueños eran "infundidos" en los humanos para su ventaja e instrucción. Aunque dudaba en afirmar que los sueños provenían directamente de las deidades,[54] muchos de ellos traían mensajes importantes para los soñadores y por ello deberían interpretarse cuidadosamente.

Artemidoro coincidía en que había muchas clases de sueños, incluyendo aquellos que predecían el futuro o poseían otro aspecto importante, y los que eran puramente reflejos de la vida diaria (al dormir, las personas con hambre comen; las que tienen sed, beben; los amantes ven a sus compañeros del alma).[55] Sólo los sueños proféticos eran reservados para la interpretación, y Artemidoro creó un plan de tal relevancia y lógica, que realmente gozó de su mayor popularidad en los siglos XVII y XVIII (ver el capítulo 8).

Los trabajos de Artemidoro fueron escritos para cualquiera interesado en la interpretación de los sueños y específicamente para los intérpretes profesionales, quienes eran comunes en la antigua Grecia.

Instrucciones de Artemidoro para los intérpretes de sueños

Las preguntas del intérprete al soñador tienen que ver con su vida personal y otros factores que pueden afectar el significado del sueño. Artemidoro afirmaba que era vital saber el nombre del soñador, además de su ocupación, fecha de nacimiento, estado de salud, riqueza y estado civil.[56]

Tomando en consideración la anterior información, empezaba la interpretación. Se consultaba la extensa lista de significados de sueños de Artemidoro (teniendo en cuenta los anteriores factores). La búsqueda se hacía por retruécanos u otros juegos de palabras.[57] (Esta última técnica probablemente fue tomada de la antigua interpretación egipcia de los sueños). A partir de este proceso, el intérprete unía lentamente las piezas del mensaje del sueño.

El método de Artemidoro fue un extraordinario desarrollo en la historia de la interpretación onírica. En esa época, los sueños eran vistos como experiencias singulares, relacionadas íntimamente con aquellos que los recibían, y no podían ser interpretados solo por referencias en listados empolvados. Había nacido la era de la interpretación moderna de los sueños. En realidad, la mayor parte de la interpretación era llevada a cabo por profesionales y no por los mismos soñadores; había sido preparado el terreno para los libros de sueños que son publicados actualmente.

Interpretaciones de los sueños a partir de Artemidoro

Las listas de los símbolos oníricos de Artemidoro son exhaustivas. Estas incluyen las partes del cuerpo, animales, plantas, insectos, comidas y líquidos, ocupaciones, drogas, varias formas de actividad sexual, nacimiento, y prácticamente todos los aspectos de la vida. Aunque proporcionaba listados de sueños y sus posibles significados, Artemidoro se tomaba el trabajo de incluir una variedad de significados, para el mismo sueño, dirigidos a personas de acuerdo a su profesión, posición social, estado civil, y hasta orientación religiosa.

Soñar que la cabeza de uno ha sido rasurada es desafortunado para todos, menos para un sacerdote de Isis, quien recibe esto como un signo positivo. Para los marineros, presagia naufragios; para el enfermo, un colapso mayor en la salud (pero no la muerte). Artemidoro hace el siguiente razonamiento: quienes naufragan o se recobran de enfermedades serias, son rasurados; los muertos no.[58]

Otros sueños de Artemidoro incluyen: soñar ser ungido con aceites es muy favorable para las mujeres (excepto para las adúlteras); estar enfermo es de buen augurio para cautivos o enfermos; beber agua fría indica buena fortuna; beber agua caliente sugiere fracaso o futuras enfermedades.[59]

El quinto volumen de Artemidoro contenía noventa y cinco sueños reales, sus interpretaciones y sus manifestaciones. En uno, un hombre en exilio (de pobre situación financiera) soñó que su madre lo dio a luz dos veces. Regresó a su tierra natal para encontrar que su madre estaba enferma; pronto heredó sus propiedades. Una mujer soñó que su amante se le había presentado con la cabeza de un cerdo. Después de este sueño, ella rompió su relación, porque a Afrodita no le gustaban las cabezas de los cerdos. Un hombre soñó que un árbol de olivo estaba creciendo en su cabeza y desarrolló casi la misma sabiduría y elocuencia de la diosa del olivo, la sabia Atenea.[60]

Viendo las deidades en los sueños

Aunque Artemidoro evitaba el tema de si los sueños eran o no enviados realmente por las deidades, afirmaba que éstas podían aparecer en los sueños, y por su sola presencia, predecir el futuro del soñador. Los dioses no revelaban mensajes con palabras, su presencia era suficiente.[61]

Era de poca importancia si la deidad aparecía como un ser vivo o en forma de estatua, como usualmente era vista, excepto que, cuando eran observadas como personas vivas, el mensaje del sueño se realizaría más rápido.[62]

La siguiente lista de deidades vistas en los sueños y sus presagios ha sido compilada del libro 2 de la *Onirocrítica* de Artemidoro:

Apolo: Favorable para los músicos, profetas, físicos y filósofos. Para todos: se revelarán secretos; posibles viajes.

Artemisa: Para aquellos que temen, buena fortuna, porque ella los protegerá. Para las mujeres embarazadas, altamente propicio. Para cazadores y pescadores, buena fortuna. Para todos: el encuentro de artículos perdidos. Ver desnuda a Artemisa es muy malo para todas las personas.

Atenea: Positivo para quienes trabajan en oficios manuales, para granjeros y filósofos. Para hombres solteros, un matrimonio futuro positivo. Para cortesanas un futuro desfavorable.

Deméter: Para aquellos iniciados en los misterios de Deméter, una ocurrencia increíblemente afortunada. Para el enfermo, recuperación. Para todos los demás, temor y peligro y finalmente grandes logros.

Dionisio: Auspicioso para los dueños de posadas y granjeros que cultivan vides y árboles frutales. Para los ricos y los niños, peligro, escándalos, problemas y disturbios, los cuales él repelerá.

Esculapio: Visto en un pedestal y adorado, buena suerte. Viéndolo moverse, aproximarse o entrar en una casa: para el saludable, enfermedad o hambre; para el enfermo, recuperación.

Hecate: Vista como alguien con tres caras, parada sobre un pedestal. Favorable: significa viajes al extranjero. La presencia de Hecate en su sueño también indica la imposibilidad de que el soñador permanezca en las mismas circunstancias; se está aproximando un gran cambio. Artemidoro añade que es peligroso y poco aconsejable escribir más sobre la aparición de Hecate en un sueño, y dirige al lector interesado a uno de sus iniciados para obtener información adicional.

Hera: Para mujeres ricas e influyentes, un futuro favorable. De menos significado para los hombres que la ven en sus sueños.

Hermes: Favorable para adoradores, instructores de gimnasia, atletas, comerciantes, y personas de negocios. Para el enfermo, muerte.

Iris: (Vista en sueños como un arco iris). Generalmente favorable para los muy pobres o aquellos que experimentan dificultades, porque su futuro será favorable. Si es vista a la derecha, habrá un futuro positivo; vista a la izquierda, negativo. (Esta orientación se basa en la posición del arco iris en relación con el sol, no en la localización del soñador).

Pan: Favorable para pastores (y posiblemente, actores teatrales). Para todos los demás, confusión y futuros inciertos.

Perséfone: Buena suerte para quienes viven atemorizados, para los pobres y los trabajadores de la magia arcana y los ritos místicos. Sin embargo, las acciones amenazantes por parte de la diosa en su sueño, revelan un futuro desfavorable.

Selene: (Vista como la luna en sueños). Favorable para las personas de negocios y navegantes.

Zeus: Para los ricos y poderosos, buena fortuna; para el enfermo, curación. Verlo sentado es favorable; moviéndose al Este, auspicioso; hacia el Oeste, desfavorable.[63]

En *La República*, Platón escribió que los humanos al dormir disfrutan de una sensación especial sobre la verdad. El extensivo uso de los sueños para diagnósticos, curación, predecir el futuro, y otros propósitos en la antigua Grecia, parece una prueba suficiente de que esta cultura le prestó atención a dichas verdades sagradas.

Capítulo 5

ROMA

La antigua Roma fue un lugar curiosamente cosmopolita. En varias épocas de su historia, se honraron en el Imperio romano deidades de Egipto, Grecia, Persia y otros países mediterráneos. Al principio, en Roma, gran parte de esta adoración se realizaba en secreto.[1] Sin embargo, cuando el emperador Caracalla removió todas las prohibiciones sobre la adoración de deidades extranjeras, el carácter religioso de Roma fue cambiado rápida y dramáticamente.[2]

La aceptación de divinidades extranjeras en Roma pronto dispersó su adoración a lo largo del Imperio romano. Isis es un excelente ejemplo. La diosa egipcia primero fue introducida a Roma desde Grecia. Pronto empezaron a utilizarse templos, santuarios y altares para Isis en Gran Bretaña, Francia, Alemania, Suiza, España, y a lo largo de la costa norte de África (prácticamente en todos los países que habían caído ante la espada de Roma).

Los sueños

Mucho de lo que se ha dicho sobre los sueños en Grecia, se aplica igualmente para Roma. Un investigador escribió que los romanos eran adictos a todas las formas de adivinación,[3] y esto abarcaba la interpretación de los sueños.

Algunos sueños eran inspirados por las divinidades. La incubación en el templo tenía una gran utilización. La importancia que los romanos le daban a los sueños puede ser demostrada por una ley que proclamó el emperador Augusto. La ley declaraba que quien tuviera un sueño concerniente a Roma, debía relatarlo públicamente en la plaza de mercado, en el caso que contuviera una advertencia divina para el emperador o la república.[4]

Los sueños fueron fuentes populares de información para todas las clases sociales. Los emperadores Tiberio y Calígula una noche predijeron sus propias muertes en sueños.[5] El poeta Filemón soñó ver nueve mujeres jóvenes saliendo de su casa. Le contó la experiencia a su hijo, finalizó la obra que estaba escribiendo y regresó a dormir. Pocas horas después murió. Las nueve mujeres que había visto eran obviamente las musas, salieron de su casa para no ser contaminadas con las energías negativas de la muerte.[6]

Plinio el anciano, quien rechazaba los ritos mágicos y religiosos más populares, sincera y cordialmente aceptó la sabiduría de los sueños. En un sueño él fue dirigido a escribir una crónica sobre las guerras romano-alemanas.[7] En su libro *Natural History*, Plinio registra que la cura para la hidrofobia (la raíz de la rosa silvestre) le fue revelada a una mujer en un sueño, quien luego le pidió a su hijo que obtuviera esta medicina.[8] También interpretó los perturbadores sueños de su amigo Suetonio.[9]

Ideas conflictivas concernientes a los sueños

Como fue el caso en Grecia, algunos escritores se divorciaron del concepto que las deidades podían enviar sueños a sus adoradores, o que los sueños tenían algunos significados ocultos. Cicerón escribió,[10] "que esta adivinación de los sueños sea rechazada con el resto". Tito Lucrecio afirmó que los sueños no eran más que visiones nocturnas de eventos y cosas que se veían en el estado de vigilia.[11] Sin embargo, los filósofos se hicieron notar por intentar divorciarse de las actitudes religiosas populares de sus tiempos, por ello no se puede asumir que tales creencias fueron generales.

Galeno, el gran doctor que dedicó mucho de su tiempo atacando las actividades supersticiosas de los romanos, de alguna manera tenía ideas ambivalentes respecto al poder de los sueños. Cuando tenía diecisiete años, tuvo un sueño que lo convenció de voltearle la espalda a la filosofía, en favor de estudiar medicina. Aunque no creía que las enfermedades se podían diagnosticar a partir de los sueños, escribió que éstos a menudo lo conducían a tratamientos efectivos.[12]

Sin embargo, la mayoría de los romanos veían los sueños como mensajes divinos. Los templos de oráculo para sueños habían estado en uso desde los primeros días de Roma, pero su popularidad se incrementó cien veces cuando la adoración del dios griego Asclepio se introdujo oficialmente a Roma.

Cuando una severa plaga barrió con Roma en el año 243 A.E.C., a Esculapio (la grafía romana de Asclepio) se le pidió que la acabara. Su adoración en Roma empezó ese año, y para enero del año 291 A.E.C., su templo sobre la península tiberina fue dedicado formalmente.[13] Los templos de Esculapio pronto se encontraron en casi todo el Imperio romano.

Incubación del sueño

La incubación romana del sueño se asimilaba a las prácticas griegas. Los templos inspiradores construidos para este uso estaban situados cerca de los ríos y manantiales, y su función principal (aunque no la única) era el diagnóstico y tratamiento de enfermedades. Los procedimientos eran así: visita al templo; purificación, ofrecimientos o sacrificios, oración, dormir, interpretación, diagnóstico y, cuando era apropiado, prescripciones para las curas. Unos empleados especiales del templo, conocidos como necoris, eran los intérpretes de los sueños, y también pueden haber sido médicos.[14]

Deidades de los sueños

Antes de divulgar las deidades extranjeras de los sueños, Roma honró muchas diosas y dioses nativos que cumplían funciones similares. De éstos, tal vez Fauna (o Faula) y Fauno son los de mayor interés.

Fauna era una antigua diosa italiana de la agricultura, una personificación de la tierra rica y fértil. Era adorada por las mujeres y fue reconocida como la dadora de sueños oráculos.[15] Fauna también proporcionaba salud.[16]

Descrita varias veces como la hermana o "esposa" de Fauno, su adoración se asoció con la de Ops, Terra y Bona Dea. Bona Dea (literalmente "la diosa buena") se relacionó tanto con Fauna, que finalmente fue conocida como la diosa buena.[17]

Fauno era un antiguo dios romano de la agricultura, los pastizales, bosques y pastores. Parece que sus adoradores estaban limitados solamente a los hombres, especialmente granjeros que solicitaban la bendición de sus cultivos. También enviaba mensajes en los sueños a sus adoradores.[18]

Dentro de las deidades extranjeras que ofrecían sueños oráculos, ninguna fue tan popular como Isis. En el Pireo, Grecia, se estableció un primer templo isiaco en el siglo IV A.E.C.,[19] e Isis lentamente hizo su camino dentro de Roma. Aunque sus templos eran destruidos periódicamente por decretos imperiales, la adoración de Isis en la antigua Roma pronto se convirtió en una institución muy difundida. Parte del atractivo de Isis era su práctica de proporcionar consejos y curaciones en los sueños. A partir de los tiempos de Cicerón, los oráculos de sueños isiacos fueron famosos a lo largo del mundo romano.

Diodoro escribe que sus sacerdotes y sacerdotisas podían recontar las innumerables curaciones que Isis había realizado sobre sus adoradores en los templos de sueños.[20] Una de las razones para la gran popularidad de Isis es que también parecen haber ocurrido curaciones reales durante el sueño sagrado dentro de sus templos.[21]

Serapis también gozó de gran popularidad. En Roma había sido establecido un templo para este dios en el año 150 A.E.C.,[22] y su adoración creció junto con la de Isis. De hecho, los templos para Isis y Serapis a menudo eran construidos uno al lado del otro. Serapis era notable particularmente por proveer sueños de oráculo y curativos. Su adoración era eclipsada sólo por la devoción brindada a Isis.

El fin de la incubación romana del sueño

La flexibilidad romana para acoger la adoración de deidades extranjeras fue finalmente responsable del período más oscuro en la historia de Europa Occidental. Sólo fue necesaria una deidad para crear esta catástrofe. Después de la aceptación oficial del cristianismo por parte de Roma, el baño pronto fue considerado como "pagano", y de este modo, fue una práctica prohibida. Los sistemas de alcantarillado fueron dejados en mal estado (porque la diosa de las alcantarillas, Cloacina, ya no era adorada). El rico conocimiento científico de Egipto, Babilonia y Grecia fue ignorado debido a sus vínculos con las deidades y prácticas paganas. El afán de Roma por adoptar la adoración única de un dios también extranjero, dio como resultado los interminables y horrorosos siglos de la Edad Media.

Pasarían cerca de mil años antes que los europeos se quitaran el velo de sus ojos. Finalmente empezaron a estudiar los autores clásicos y lanzaron una nueva era de pensamiento científico. Aún asi, los científicos eran advertidos por la iglesia para no hacer descubrimientos que cuestionaran la veracidad bíblica.

La conversión oficial del Imperio romano al cristianismo, detuvo temporalmente los antiguos métodos de incubación de sueños (y todas las otras prácticas rituales). Sin embargo, no todos los romanos se convirtieron al cristianismo de inmediato. Los templos de curación con sueños eran tan populares y numerosos, que la adoración de sus deidades (Asclepio, Isis y Serapis) fue una de las últimas prácticas paganas que debieron ser eliminadas durante el principio de la era cristiana. Fue sólo a través de la persecución intensa que se abolió la adoración de Isis en Roma (al menos oficialmente).

Cuando la mayoría de los rastros de adoración pagana habían sido eliminados, la iglesia cristiana empezó su infame proceso de convertir prácticas más antiguas en formas cristianas aceptables. Fueron permitidos procedimientos de incubación de sueños, pero sólo en las iglesias dedicadas al Dios cristiano.[23] El ayuno era permitido como un medio para producir tales sueños. Finalmente, el dormir en el templo cristiano fue transformado en una idealizada petición humana para la inspiración divina.[24]

La larga historia de rituales de sueños en Europa y el Medio Oriente fue llegando a su fin. El triunfo político de los ideales cristianos no sólo destruyó el concepto de religión personal, también nos robó la comunicación directa con nuestras deidades. El sueño sagrado fue olvidado. Los dioses languidecieron en sus reinos divinos. Los humanos marcharon hacia la locura tecnológica construida sobre la nueva creencia religiosa de que la tierra, lejos de ser sagrada, era un objeto que merecía ser saqueado y explotado por nuestras máximas capacidades.

Aunque la humanidad permanecía curiosa acerca de los sueños, había olvidado lo más importante de sus fuentes: las divinidades que velaban por nosotros en la noche.

Capitulo 6

HAWAI

L as fértiles islas del archipiélago hawaiano soportaron el desarrollo de una cultura destacable. El aislamiento geográfico fomentó la independencia total. La agricultura, astronomía, medicina y la navegación alcanzaron los pináculos de la realización.

En común con la mayoría de las culturas polinesias, los antiguos hawaianos fueron un pueblo profundamente espiritual. La lluvia, el viento, la nieve, los volcanes, la neblina, las mareas, plantas, árboles, pájaros, peces, animales y piedras, eran reconocidos como "cuerpos" de las deidades. Las divinidades no fueron inventadas para explicar procesos y fuerzas naturales; su presencia se descubrió dentro de esos procesos. La religión hawaiana estaba basada en la experiencia personal y la comunicación con estas deidades.[1]

Una multitud de dioses eran adorados en forma de rituales en toda la isla, ritos locales, ceremonias secretas, rituales caseros diarios, ritos para deidades de ocupaciones y artes específicas, y actos privados de fe. Dentro de las deidades honradas estaban Kane, dador de luz solar y agua fresca; Haumea, la diosa madre que presidía el parto; Hina, diosa de la Luna, los bosques y el mar, quien era invocada mientras se recolectaban plantas medicinales; Ku, la fuerza generadora masculina; Laka, diosa del hula; Lono, dios de la agricultura, la lluvia, la paz, la fertilidad, y proveedor de alimento; y, por supuesto, Pele, diosa de los volcanes, el vulcanismo, y el fuego en todas sus formas, quien hoy todavía continúa siendo adorada abiertamente. Todos los aspectos de la vida eran infundidos con espiritualidad.

El Kahuna

El una vez noble papel de el *Kahuna* (experto) de Hawai, ha sido distorsionado por intérpretes occidentales mal informados. Los *Kahunas* no eran hechiceros ni criaturas temidas. Ellos eran expertos en varios campos: medicina herbal, restauración de huesos, masajes, arquitectura, atletismo, agricultura, astronomía, meteorología, navegación, tallado, captura de aves, y obstetricia entre otras disciplinas. Aunque no era común en las mujeres Kahunas, algunas alcanzaban ese estatus.

Algunos Kahunas eran expertos religiosos, dedicados a *heiau* (templos). Ellos llevaban a cabo rituales espirituales y supervisaban el mantenimiento periódico de las estructuras de madera de los templos. Otros se especializaban en magia, la adivinación, el exorcismo, la observación de augurios y rituales del amor de muchas clases.

El entrenamiento en todas las especialidades Kahuma era intenso y requería años de estudio. No se esperaba que el estudiante respondiera preguntas, sino que aprendiera por la observación. El entrenamiento en ciertos campos a menudo requería veinte años de estudio intenso y gobernado por el estricto *Kapu* (prohibiciones).

El fin de la cultura tradicional hawaiana

La religión y la cultura tradicional hawaiana colapsaron oficialmente en 1819. El capitán James Cook llegó a la bahía de Kealakekua sobre la isla de Hawai, el lunes 19 de enero de 1778 E.C. Poco después, los barcos empezaron a echar anclas en las aguas marinas de las islas, en búsqueda de provisiones y entretenimiento. La exposición a las costumbres occidentales gradualmente erosionó la aceptación popular de la antigua fe. Las mujeres también estaban insatisfechas con las severas prohibiciones religiosas y sociales impuestas en sus actividades.

En una increíble coincidencia los primeros misioneros de Boston arribaron el año siguiente (1820), justo después que la religión tradicional hawaiana había sido abolida oficialmente por el rey Liholiho y Hewahewa, su Kahuna jefe. Ka'ahumanu, la poderosa viuda de Kamehameha II, también tuvo que ver en la destrucción de la fe (ella había adquirido interés por el cristianismo). Así, llegó el final de la religión tradicional hawaiana, no en manos de los misioneros, sino a través de las acciones de los mismos hawaianos que estaban culturalmente a la deriva.

Los templos fueron abandonados (algunos sacerdotes tuvieron que ser forzados a hacerlo). Se destruyeron miles de Ki'i (imágenes de madera de las deidades). Aun así, muchos se aferraron secretamente a la vieja fe. Estos hombres y mujeres se reunían bajo los árboles para escuchar los interminables sermones de los misioneros (presentados en una mezcla de hawaiano y tahitiano), y luego atrapaban un pez para utilizarlo en la magia del amor.

Debido a que los hawaianos carecían de un alfabeto, gran parte de su antigua cultura se ha perdido. No hay equivalentes hawaianos de la biblioteca de Ashurbanipal, ni tabletas de arcilla, ni viejos papiros; pero afortunadamente, algunos aspectos de la información espiritual tradicional fueron registrados en libros y periódicos por extranjeros y hawaianos, poco después del arribo de los primeros misioneros.

Otra sabiduría popular fue retenida en la memoria de quienes habían vivido antes de los días de la aculturación. Este conocimiento fue pasado a las siguientes generaciones y partes de él fueron registradas en la primera mitad del siglo por antropólogos y sociólogos. Hoy día, la mayoría de expertos realmente eruditos ya han entrado a *po* (la noche; el más allá).

La cultura tradicional hawaiana ha estado oficialmente muerta por casi 200 años, pero a partir de su remanente tradición popular podemos obtener una representación exacta del lugar de los sueños en su sociedad.

Sueño hawaiano

La importancia de los sueños en la cultura tradicional hawaiana no puede desestimarse. Los sueños eran recuerdos de las comunicaciones nocturnas, con los *'aumakua* (espíritus ancestrales deificados) y con los *akua* (diosas y dioses). La interpretación de los sueños era un arte serio, porque éstos representaban las comunicaciones entre el mundo humano y el reino de las deidades.[2]

Los hawaianos llamaban al alma humana el *'uhane*. Los sueños eran conocidos como *moe 'uhane* ("sueño del alma"). Al dormir, el alma humana inmortal dejaba el cuerpo a través del *lua 'uhane* ("hoyo espiritual"), el conducto lagrimal localizado en la esquina interior del ojo.

El alma humana divagaba, en este mundo o en otros reinos, y tenía muchas aventuras: visitando distintas localidades u otras islas, encontrándose con almas humanas familiares y extrañas, y teniendo otras experiencias interesantes. Entonces, los sueños eran remembranzas de las experiencias y viajes del *'uhane* mientras se estaba dormido.[3]

En este estado físicamente aislado el 'uhane se encontraba con sus 'aumakua (espíritus ancestrales deificados) y los akua (dioses y diosas). A menudo, los mensajes divinos eran comunicados en tales encuentros. Al amanecer, o al estar cansada de viajar, el alma entraba de nuevo al cuerpo humano a través de lua 'ahane, y el soñador pronto se despertaba.[4]

Entonces, los sueños podrían ser mensajes de las divinidades o remembranzas de las aventuras del alma mientras viajaba en la noche. Los hawaianos a menudo empezaban una recitación de los sueños con las palabras, "Mi espíritu vio ..."[5] en lugar de "tuve el sueño más extraño".

Peligro en la noche

El cuerpo dormido era susceptible a la posesión de espíritus. Los espíritus malévolos (existen referencias de rituales para más de 400.000 diosas, dioses, espíritus y seres semidivinos) podían entrar en el cuerpo creando pesadillas.

Algunos espíritus tenían sexo con la persona durmiente y ocasionalmente se producían bebés mitad humanos a partir de estas uniones. Estos espíritus podían ser femeninos (*wahine o ka po*, "esposa de la noche") o masculinos (*kane o ka po*, "esposo de la noche").[6]

Todos los sueños negativos demandaban acciones inmediatas. El soñador le rezaba a las deidades para que lo protegieran del peligro predicho, o por lo menos para que "suavizaran" el futuro (es decir, reducir el desastre inminente).[7] Adicionalmente, la deidad podía haber sido invocada para "eliminar" (*oki*) el futuro desagradable. El razonamiento era que, debido a que la deidad había enviado el sueño (y estaba planeando castigar al adorador), podía recibir súplicas de misericordia.[8] Tales oraciones para "suavizar" los sueños todavía se utilizan en Hawai.[9]

El sueño sagrado en Hawai

Los hawaianos también practicaban lo que podía denominarse incubación de sueños, aunque las técnicas diferían de las encontradas en el mundo antiguo. No era necesario visitar un templo; la técnica se podía llevar a cabo en casa. Los orígenes de estas prácticas son difíciles de determinar. Posiblemente el concepto acompañó a los polinesios cuando salieron de Asia y empezaron a establecerse en las miles de islas que hay en el océano Pacífico. (Muchos de los aspectos de la cultura hawaiana son marcadamente asiáticos). Alternamente, la práctica de pedir sueños puede haber sido un desarrollo local en Hawai, una invención de un pueblo intensamente espiritual.

Los médicos kahuna hawaianos eran individuos capacitados que representaban un gran número de especialidades. Sin embargo, ocasionalmente un caso confundía a los *Kahuna haha* (los que hacían los diagnósticos), a los *Kahuna la'au lapa'au* (herbalistas medicinales) o a otros expertos médicos.

Cuando esto ocurría, el Kahuna le decía al paciente que regresara al día siguiente. Esa noche, mientras el experto dormía (usualmente en el templo de curación), la deidad del Kahuna se le aparecía en un sueño y le proporcionaba el diagnóstico adecuado o el tratamiento (baños marinos, baños de vapor, enemas, mezclas medicinales, dietas especializadas). Al despertarse, esta información sería muy clara en la mente del Kahuna.[10]

La incubación del sueño también se practicaba en casa. Cuando los problemas aumentaban (enfermedades, asuntos concernientes a parientes lejanos), la cabeza del hogar (casi siempre era un hombre) rezaba en el *mua* (la casa donde comían los hombres, generalmente prohibida para las mujeres) y pasaba la noche ahí. Al dormir, la deidad de la familia aparecería y suministraba la información apropiada.[11]

Información recibida
inesperadamente en los sueños.

Las personas que estaban enfermas frecuentemente recibían remedios para sus problemas en los sueños. Tales prescripciones eran muy exactas y usualmente incluían el lugar donde se podían encontrar los materiales. Muchas de esas prescripciones que habían llegado "en la noche", eran pasadas a otras personas y se convertían en una parte establecida de la medicina popular hawaiana.[12]

El proveedor de esta información podía haber sido un ancestro fallecido (y deificado) o un personaje desconocido. Estos remedios oníricos eran precisos: dos puñados de una hierba, cuatro tallos de una planta, tres baños. Tales sueños informativos han persistido hasta hoy.[13]

En los sueños se podía recibir inesperadamente información de toda clase. A menudo se recibían canciones y hasta movimientos de danzas para el *hula*,[14] usualmente de parientes fallecidos. El pescador podía soñar con el área más productiva del océano en la cual trabajar.

Incluso se recibían nombres en los sueños. Durante el embarazo de una mujer, a ésta o a un miembro de su familia algunas veces le era entregado un nombre para el niño. Tales nombres (*inoa po*; "nombres de la noche") eran proporcionados por deidades ancestrales así como por los mismos dioses. No ponerle el nombre al bebé podría ser muy peligroso. La deidad que había entregado el nombre sería el futuro guardián divino del niño.[15]

La naturaleza de los sueños hawaianos

Nuestra cultura tiende a pensar que los sueños son ampliamente visuales. Hablamos de haber "visto" esto o aquello en nuestros sueños. No obstante, los hawaianos podían tener sueños puramente visuales, puramente auditivos (en los cuales se escuchaban voces sin cuerpo), o una combinación de ambos. Los sueños auditivos parecen haber sido tan comunes como los visuales.[16] Sus mensajes eran obvios y directos, y rara vez necesitaban interpretación. Las voces que se escuchaban eran de las deidades.

La mayoría de sueños hawaianos tenían que ver con la familia, los amigos y la profesión del soñador. Los sueños de viajar a lugares exóticos o espirituales eran prácticamente desconocidos. Ellos reflejaban claramente la vida diaria y las preocupaciones de los soñadores.[17]

Las profecías de los sueños hawaianos no siempre estaban relacionadas con el soñador, porque las personas podían soñar para otros (usualmente miembros de la familia).[18] Los sueños eran de tal importancia para los hawaianos, que un sueño negativo acerca de un pariente siempre era seguido por una visita a la persona para advertirle de la profecía.[19]

Interpretación de los sueños

La interpretación de los sueños era una parte importante de la antigua cultura hawaiana. Esta función no era llevada a cabo por los clérigos en los templos, sino por un miembro de la familia o un amigo cercano. Muchas familias tenían un *wehewehe moe 'uhane* (intérprete de sueños). Ya que los hawaianos a menudo soñaban en el nombre de sus familiares, todos los sueños importantes eran discutidos cuidadosamente cada mañana por toda la familia.

Muchos sueños no requerían interpretación; cuando el soñador se despertaba el mensaje era muy claro. Tales sueños eran llamados *moe pi'i pololei*. Usualmente eran de naturaleza predicitiva.[20]

Sólo eran interpretados aquellos sueños que eran simbólicamente complejos, confusos o preocupantes. Las interpretaciones de los sueños (*moe kaluma*) no estaban estandarizadas como en el mundo antiguo. Sin embargo, algunas interpretaciones parecían haber sido ampliamente aceptadas; cada región isleña y cada familia poseía su propio juego de interpretaciones.[21]

La interpretación empezaba examinando los principales símbolos del soñador (tiburones, aguas vertidas, desnudez, y así sucesivamente). Luego el intérprete tenía en cuenta la individualidad del soñador (como pariente o amigo cercano, el soñador era conocido por el intérprete) y determinaba si el sueño era significativo.[22]

Muchos símbolos aparentemente negativos eran interpretados como positivos. Lo contrario también ocurría. Soñar con la muerte nunca indicaba un fallecimiento inminente;[23] los símbolos de la muerte siempre eran mucho más sutiles que ésta. En común con los antiguos egipcios, griegos, asirios, romanos, y Sigmund Freud, los hawaianos sabían que los sueños a menudo poseían significados contrarios.[24]

Se han registrado unos pocos símbolos de sueños tradicionales y sus interpretaciones:

Agua: Soñar viendo agua clara era una buena señal.[32]

Bananas: Este sueño significaba que ir a pescar en la mañana sería inútil. Esta interpretación todavía es aceptada por muchos hawaianos.[25]

Canoa: Predecía mala suerte el día siguiente.[27] También pronosticaba la muerte de algún conocido del soñador.[28] (Los cuerpos algunas veces eran colocados en canoas; de ahí el simbolismo de la muerte).

Caverna: Un augurio de muerte. (Los cuerpos eran colocados en cavernas en la vieja Hawai).[26]

Diente (perderlo): Esto indicaba que un pariente moriría pronto.[31]

Genitales humanos: Augurios de decepciones.[30]

Muerte: Indicaba llegada de comida, o que alguien vivo deseaba ver al soñador.[29]

Los sueños eran fuente de información, advertencia, consuelo, curación, protección y augurios para el futuro. A falta de libros, los hawaianos se apoyaron en el conocimiento que estaba disponible: la sabiduría de las diosas y los dioses, enviados "en la noche" en forma de sueños.

AMÉRICA DEL NORTE

Más de un millón de personas habitaban América del Norte cuando los primeros europeos llegaron a sus costas. En casi todo el continente floreció una gran diversidad de culturas, desde los pantanos del Sur hasta las grandes llanuras del medioeste, las montañas y laderas, y los campos más boscosos y desérticos. Aunque algunas de estas culturas estaban relacionadas lingüísticamente o de otras maneras, la mayoría poseían religiones, lenguajes y costumbres particulares.

Siglos más tarde, la población indígena había sido diezmada por las enfermedades, la guerra y la esclavitud. Muchas culturas murieron (los únicos rastros de su existencia fueron encontrados durante excavaciones en sus antiguos lugares de habitación).

La historia de la interacción europea con los nativos americanos es un estudio de codicia, explotación, subyugación, crueldad e indiferencia. Las exploraciones continuaron y se establecieron las colonias, forzando a la población indígena a emigrar a las áreas de menor valor del continente. Los europeos sentían que tenían un derecho divino para vivir en el continente, a diferencia de los habitantes originales. Los nativos americanos eran tratados con desdén, como idiotas adoradores del demonio, y se consideraba que su riqueza cultural no tenía significado. A medida que los españoles introdujeron a la fuerza el catolicismo, muchos aspectos de las tradiciones nativas americanas se perdieron para siempre.

La interacción europea con la población indígena de Norteamérica representa uno de los períodos más oscuros de la historia de nuestro continente. Sólo nuestra aceptación y apoyo de la esclavitud iguala su crueldad.

Afortunadamente, han sobrevivido algunos aspectos de las culturas de los nativos americanos. En el siglo XVII, los sacerdotes jesuitas registraron las prácticas espirituales de los iroqueses. Al final del siglo XIX y comienzos del siglo XX, un gran número de antropólogos dedicaron mucho tiempo hablando con informantes nativos americanos, registrando tradiciones medicinales, lenguajes, estructura familiar, vestidos, juegos, métodos de almacenamiento de comida, agricultura y creencias religiosas. Hasta unos cuantos nativos aculturados escribieron autobiografías.

Estudiando el material recolectado, es aparente que se pueden hacer unas pocas generalizaciones concernientes a las prácticas religiosas de los nativos americanos. La gran diversidad de historias sagradas ("mitos"), canciones, bailes y prácticas rituales, reflejaban la visión y localización única del mundo de cada cultura sobre este inmenso continente.

Uno de los pocos elementos comunes en la mayoría de las culturas nativas americanas era la importancia puesta en los sueños. Los métodos en los cuales se relacionan los sueños con la vida en vigilia, diferían sustancialmente entre varios pueblos, pero los sueños jugaban un papel importante en la mayoría de estas sociedades.

Se creía ampliamente que los sueños eran enviados por las divinidades o espíritus, pero algunas culturas pensaban que se originaban del alma del soñador. Los sueños también se producían ritualmente ayunando, durmiendo en lugares silvestres, o por medio de la ingestión de drogas vegetales (durante los ritos de la pubertad, así como en otras ocasiones). Los sueños revelaban canciones, danzas, modelos para artesanías y curas medicinales; daban poder espiritual al soñador y eran una gran fuente de información y educación. Los sueños eran necesarios para alcanzar ciertos roles sociales (shamán, partera), y a menudo predecían eventos futuros.

Una síntesis más larga de la sabiduría popular sobre sueños de los nativos americanos sería un ejercicio inútil de generalización. Por consiguiente, este capítulo explora la importancia de los sueños dentro de unos pocos grupos.

Debido a que la siguiente información fue registrada por los europeos después del contacto occidental, algunas de estas tradiciones pueden no ser verdaderamente representativas de las primeras prácticas y conceptos de los pueblos nativos americanos. También se debe tener en cuenta la tendencia eurocéntrica y patriarcal de los recolectores masculinos. Esto ciertamente explica la carencia de material relacionado específicamente con las mujeres.

Adicionalmente, la mayoría de culturas nativas americanas no vivían juntas en grandes números. Estaban organizadas en pequeñas comunidades sobre grandes áreas de tierra. Los límites locales, el estado del tiempo y la distancia cultural conducían a una cierta variedad en los conceptos y las prácticas de cada comunidad.

Navajo

Los navajos le dieron gran importancia a los sueños. Es posible que su total entendimiento de la divinidad (espíritus), así como sus métodos de contactarlos (ritual religioso), fue sacado originalmente de los sueños.[1]

Los sueños eran positivos o negativos.[2] Los negativos demandaban seriamente una acción, incluyendo rituales personales y comunitarios.[3] Tanto los positivos como los negativos podían ser "colocados en la cabeza" del soñador, por parte de las deidades, espíritus y animales.[4]

En 1932 se registraron las actitudes de un shamán navajo frente a los sueños. Cabello Blanco afirmó que los sueños que había experimentado se manifestaron en su vida. Los sueños no son fantasías absurdas; son profecías de eventos futuros o presentes. Cabello Blanco también dijo que los humanos de todas las naciones fueron creados para soñar.[5]

Algunos sueños eran considerados como la causa (no la revelación) del mal estado de salud. Un sueño de esta naturaleza llevaba al soñador a donde un experto en diagnósticos, quien encontraba el origen de la enfermedad y ponía en marcha una curación. Las enfermedades menos amenazantes podían ser tratadas por el soñador rezando al amanecer frente a su puerta, a veces con una piedra que había sido especialmente facultada por el experto para dicho propósito. Las enfermedades más serias causadas por los sueños demandaban ceremonias extensas celebradas por shamanes,[6] incluyendo los famosos rituales de pinturas de arena.[7] Se requerían cánticos y rituales específicos para tipos particulares de sueños negativos.[8] Ya que la enfermedad era creada por magos, espíritus y muertos malignos, se utilizaban medidas mágicas apropiadas para combatir esas condiciones.[9] Si durante un ritual de varios días de duración, el shamán soñaba que el paciente había muerto, dejaba que otro shamán lo reemplazara en el rito.[10]

Algunos sueños navajos (los que tenían que ver con serpientes, osos y búhos) poseían interpretaciones estandarizadas que parecen haber sido ampliamente aceptadas.[11] Los sueños de serpientes eran positivos (a menos que la serpiente mordiera), y dientes siendo extraídos predecían una muerte en la familia.[12]

Las mujeres embarazadas eran especialmente cautelosas de cualquier sueño que contuviera violencia o altercados, porque los efectos de tales sueños podían lastimar al bebé. La mala influencia del sueño era contrarrestada con rituales durante el embarazo de la mujer.[13]

Sobre los sueños positivos de los navajos, hay menos información registrada; parecen haber sido considerados de rara ocurrencia. Sin embargo, sabemos que para asegurar que se originara un sueño positivo, el soñador podía consultar a un shamán para que "cantara" y el sueño se llevara a cabo, o simplemente podía por sí mismo rociar harina de trigo alrededor y rezar para que el sueño favorable se hiciera realidad.[14]

Ojibwa (Chippewa)

Los ojibwas clasificaban los sueños en las siguientes categorías: buenos, malos, bellos,[15] impuros, ominosos, desafortunados y dolorosos. Veían los sueños como una gran fuente de educación. La enseñanza ocurría mientras se dormía y los instructores eran las deidades (espíritus). Cualquier sabiduría o conocimiento que poseía un ser humano era el resultado directo de los sueños. El coraje, las habilidades curativas, la creatividad y todos los demás atributos valiosos eran originados por ellos.[16]

Los jóvenes ojibwas, al alcanzar la pubertad, ayunaban durante cuatro días en solitario para prepararse a fin de recibir una canción onírica de gran poder. Todos los niños eran motivados a soñar, y a recordar los sueños desde una edad temprana.[17]

Se sabe algo acerca del papel que jugaban los sueños en la vida de las mujeres ojibwas. Ellas también recibían sabiduría de los espíritus en los sueños.[18] Las parteras a menudo eran llamadas en sueños para ejercer su profesión, ya que soñar con partos dotaba a una mujer con el poder de facilitar este proceso en otras mujeres. Los símbolos de sueños relacionados con la partería incluían animales que fácilmente parían sus crías, tales como perras, yeguas o vacas. A veces, el animal le hablaba a la soñadora y le prometía ayudarle durante el parto. Naturalmente, las parteras eran muy estimadas en la antigua sociedad ojibwa.[19]

Los ojibwas (en común con los algonquinos y atabascanos del Norte) interpretaban algunos sueños como signos de reencarnación. Econtraron la prueba de esto en sueños concernientes a eventos de otras vidas (acontecimientos que no habían ocurrido en la vida presente del soñador).[20]

Un hombre joven de la isla Parry ojibwa (cerca al puerto Hurón) experimentó el sueño de una sepultura que contenía un objeto valioso. La tumba fue excavada y se descubrió un arma dentro de ella. La tribu del hombre inmediatamente proclamó que él era la reencarnación del guerrero que había sido enterrado un siglo antes en ese lugar.[21]

Iroqueses

Se puede encontrar una pista sobre el significado de los sueños para los iroqueses en los escritos del misionero jesuita del siglo XVII, Pere Fremin, quien escribió que estos indios no pensaban ni hablaban de nada más.[22] Ellos compartían sus sueños con todos los que los escuchaban.

Para los iroqueses, el estado del sueño era de mayor importancia que la consciencia despierta, precisamente lo opuesto a nuestro punto de vista materialista.[23] Algunos europeos malinterpretaban esto y decían que dichos nativos eran incapaces de diferenciar entre los estados de sueño y de vigilia. Esto era erróneo, pues los iroqueses valoraban mucho más el estado del sueño; por lo tanto, podían hacer una distinción entre los dos.

Los iroqueses parecen haber comprendido la existencia de las dos mentes: la consciente y la subconsciente.[24] El "alma" aparentemente era la mente subconsciente que trabajaba mientras la persona dormía.

También reconocían dos tipos de sueños: los personales (que detallaban los deseos insatisfechos del alma) y los de *visitación* (en los cuales seres espirituales se le aparecían al soñador e impartían mensajes de gran significancia para él y toda la comunidad).[25]

Los sueños personales eran vistos como mensajes de los deseos frustrados del alma. El alma era incapaz de comunicarse con la mente consciente durante las horas del estado de vigilia. Por lo tanto, estos deseos eran enviados a la mente consciente en forma de sueños. Esto es prácticamente idéntico a la teoría de Freud, sólo que los iroqueses lo reconocieron cien años antes.

Para determinar la naturaleza exacta de los deseos del alma, los sueños personales eran interpretados por el soñador, un intérprete de sueños especializado, o un adivinador. Parece que se utilizaba un proceso similar a la libre asociación, que se aproximaba a la práctica psicoanalítica moderna.[26] La adivinación también se utilizaba para ganar un entendimiento de los sueños personales. El intérprete colocaba una hierba bajo su cabeza y se dormía sobre ella para obtener un sueño clarificador, o miraba dentro del agua (en un método similar a la bola de cristal) para encontrar la respuesta. Hombres y mujeres servían como intérpretes de sueños y algunos alcanzaban altas posiciones sociales.[27]

Una vez que eran conocidos los deseos del alma, éstos eran seriamente considerados. Para calmar el alma atormentada, el sueño personal era actuado físicamente o desarrollado en forma de ritual, en privado o en concertación con toda la comunidad.[28] Esto se hacía con el propósito de proteger la comunidad en el caso de que el sueño fuera indicio de calamidad.[29]

Hasta los sueños personales de aparentemente poca importancia eran representados de manera simbólica o real.[30] Los sueños de visitación eran de enorme impacto. En ellos, el soñador era visitado en la noche por un espíritu o deidad. Podían haber incluido consejos (tales como asumir un nuevo papel social), comodidad, o advertencias del futuro. Otros tenían que ver con asuntos de la comunidad.[31] Algunos de estos sueños de visitación eran claros y explícitos, otros debían ser interpretados.[32]

En común con muchos otros grupos nativos americanos, los shamanes iroqueses eran escogidos con base en los sueños. [33]

Maricopa

Los maricopas veían el éxito o la habilidad en la vida física, como el resultado de actividades espirituales que ocurrían mientras se dormía. En la noche, el alma del soñador divagaba en búsqueda de un ser divino que revelaría la información necesaria. Todos los triunfos en la vida eran producto de estos encuentros nocturnos.[34]

Tales sueños eran creados a través de un largo proceso ritual que estaba lleno de dificultad y peligro. La información obtenida de esta manera podía distribuirse en pequeñas porciones durante muchos años, con el "espíritu" (deidad) apareciendo cada noche y fomentando la educación del estudiante. Los sueños de esta naturaleza, y la información contenida dentro de ellos, se mantenía en secreto hasta que el estudiante hubiera ganado un entendimiento apropiado del material. Hablar de estas lecciones antes de alcanzar la sabiduría y el discernimiento, molestaría a la deidad, haciendo que abandonara al soñador, y finalizando así las lecciones nocturnas.[35]

Papago

La enseñanza de los sueños también era una parte importante en la educación de los papagos. La información usualmente se presentaba en una canción, la cual nunca era revelada a los demás.[36] Las canciones de los sueños representaban fuerzas poderosas; eran sagradas e imponentes. Con estas canciones los papagos atraían la lluvia, aseguraban el crecimiento de los cultivos, curaban los enfermos y desarrollaban otras acciones positivas.[37]

Los shamanes hombres dentro de las antiguas sociedades papago, obtenían su poder a partir de canciones de sueños. A menudo empezaban escuchándolas a una edad temprana, y usualmente la experiencia continuaba hasta la adultez. Finalmente, un hombre que había escuchado muchas canciones anunciaba que se convertiría en shamán.[38] Un gran número de estas canciones eran reveladas por animales que hablaban con voces humanas.[39]

Un hombre papago en estado depresivo, fue a una caverna cerca de lo que ahora es Tempe, Arizona, para morir o tal vez iniciar el proceso de convertirse en un shamán. Fumó una pipa mágica que encontró en la caverna y cayó dormido. Soñó que apareció un espíritu de forma humana y desconocido para él, ofreciendo enseñarle el arte de la curación.[40]

El espíritu ató una telaraña alrededor de esa colina y luego la extendió hasta Tempe, desde ahí hasta Four Peaks, luego hasta las montañas de San Francisco, y finalmente a Needles. El espíritu guió al soñador revelando formas de curar. Aunque se le advirtió que mantuviera en reserva esa información, posteriormente el soñador habló acerca del conocimiento que había recibido. En un nuevo sueño, el espíritu le dijo que sólo había aprendido la mitad de sus lecciones, pero como las había revelado a otros, no aprendería nada más. El espíritu le dijo que había aprendido lo suficiente para ser un buen curador. Este hombre, quien se volvió famoso por curar enfermedades de los intestinos, más adelante se reprochaba por haber revelado las lecciones del espíritu.[41]

Otros pueblos nativos americanos

Los ritos de la pubertad que involucraban la petición de visiones (la producción de visiones o sueños durante los períodos rituales) eran utilizados por los muchos grupos nativos americanos. Dentro de los menominis, tales peticiones eran hechas por jóvenes. Si, después de las preparaciones del ritual, una muchacha que recién había experimentado la menstruación veía en su sueño la luna, el sol, estrellas, un águila, un rayo o cosas similares, disfrutaría de una vida larga y feliz, y tal vez de un más alto estatus social. Las jóvenes también tenían sueños en los cuales los espíritus les revelaban sus futuras habilidades mágicas o espirituales.[42]

Dentro de los zunis, los sueños recibidos de manera natural eran fuente de información e inspiración. Después de dormir, las mujeres alfareras a menudo descubrían que en los sueños habían recibido un diseño totalmente nuevo para pintar en las vasijas.[43]

Los cherokees le daban tanta importancia a los sueños, que soñar ser mordido por una serpiente de cascabel, demandaba una acción inmediata. El soñador era tratado de la misma manera que una persona que hubiera recibido realmente una mordida de serpiente estando despierta.[44]

Los paiutes no consideraban los sueños como presagios de una enfermedad, sino la causa directa de ella misma. Una enfermedad inducida por sueño podía no afectar al soñador. Eran causas de enfermedad todos los sueños en los cuales el soñador se veía a sí mismo enfermo e incluían la intervención de un shamán, o en los que el soñador escuchaba una voz.[45]

Este corto resumen del significado de los sueños dentro de unas pocas tribus nativas americanas, es representativo del significado casi universal que se le daba a los sueños por parte de los habitantes originales de América del Norte.

Capitulo 8

LIBROS DE LOS SUEÑOS

E l libro de los sueños más antiguo que existe se escribió en Egipto más o menos en el año 2000 A.E.C., aunque está incompleto. Se encontraron fragmentos de tabletas que contienen sueños y sus interpretaciones en la biblioteca de Ashurbanipal en Nínive, pero estos también están incompletos.

Como se mencionó previamente, el único trabajo extenso de interpretación de sueños que sobrevive del mundo antiguo es el de Artemidoro, *The Interpretation of Dreams* (*Onirocrítica*), más o menos del año 140 E.C. más o menos del año 140 E.C. Los cinco volúmenes hacen un resumen de todo lo conocido hasta entonces acerca de la interpretación onírica (ver el capítulo 5).

La *Onirocrítica* gozó de gran popularidad. La primera edición impresa del libro apareció en Venecia en 1518.[1] Más tarde se hicieron ediciones en Basel (1539) y en Lyón (1546). La primera traducción en inglés apareció en Londres en 1644, y para 1740 ya había sido impreso veinticuatro veces.[2] El trabajo de Artemidoro continúa siendo la base de los libros de sueños actuales.

Después del éxito de la *Onirocrítica*, los editores empezaron a publicar otros libros de sueños. En Inglaterra, éstos usualmente eran recomposiciones del trabajo maestro de Artemidoro, los cuales se producían a bajo costo. La invención de la mecanografía movible y la supervivencia de la *Onirocrítica*, fueron la base para hacer populares los diccionarios de sueños.

Durante los siglos XVIII y XIX se publicaron extensivamente en Inglaterra folletos que prometían revelar el significado de los sueños. Éstos a menudo tenían títulos tan vistosos como *The Old Egyptian Fortune-Teller's Last Legacy*, *The Royal Dream Book*, y *The Three Witches*. La mayoría no tenía más de veinte páginas.[3]

En 1677, se publicó en Boston la primera guía norteamericana para la interpretación de los sueños: *The Book of Knowledge*. Este contenía símbolos de los sueños e información astrológica. En Baltimore en 1795 apareció un volumen más grande: *The Universal Interpreter of Dreams and Visions*. Este trabajo incluía un diccionario de sueños que había sido compilado en su mayor parte por Artemidoro.[4]

Estas primeras publicaciones pronto tuvieron muchas imitaciones. Para finales del siglo XIX, las compañías de correo norteamericanas y los agentes viajeros le vendieron libros de sueños baratos a miles de residentes rurales. Muchos hogares sólo poseían dos volúmenes: la Biblia y un libro de sueños.

Una revisión de los libros de sueños publicados en los últimos 200 años revela que sus compiladores hicieron pocos cambios a las interpretaciones, que habían sido aceptadas desde la antigüedad. Los símbolos arcaicos (o pasados de moda) fueron removidos, las interpretaciones se modernizaron, y se adicionaron algunos símbolos nuevos (lámparas de gas, trenes, luces eléctricas, subterráneos, carros, y cohetes), ya que estos inventos se volvieron de uso común.[5]

Las interpretaciones contenidas en esos libros a menudo eran muy directas: soñar con oro significaba riqueza; nadar en aguas tormentosas, futuros problemas; flores, buena suerte; libros, un cambio en los negocios.

En estos trabajos sobrevivió el antiguo concepto de que los sueños no siempre pueden tomarse literalmente. El significado "verdadero" de un sueño puede ser lo contrario de la interpretación más obvia. Así, soñar con enfermedad significa una eventual recuperación; los presagios dolorosos, un evento futuro feliz; el nacimiento, una pérdida; la herida con arma blanca, buena fortuna. Los sueños sexuales tienen significados completamente opuestos; los sueños no eróticos pueden tener componentes sexuales, de los cuales todos son denominados por los psicoanalistas como "desplazamiento del sueño",[6] mientras los libros de sueños les dan el término de "sueños contrarios".[7] Como hemos visto, este concepto tiene por lo menos 4000 años.

Los libros de sueños del siglo XIX no estaban limitados a las interpretaciones. También se incluían poemas, ensayos de temas tan diversos como el juego y el matrimonio. La información concerniente a la lectura de las cartas, la quiromancia y otras artes adivinatorias menores, también encontró espacio en estos libros.

Tales libros ignoran el consejo de Artemidoro de interpretar el sueño en relación con la individualidad del soñador. La mayoría de sus autores no hacen mención de las cualidades únicas del soñador (género, edad, profesión, salud, cultura, religión, ideología), que pueden alterar considerablemente la interpretación de un sueño.

Debido a que somos individuos, tenemos puntos de vista y lenguajes simbólicos particulares. Los símbolos nos afectan de una manera dramáticamente idiosincrática. Aunque existen unos pocos símbolos universales, la mayoría de símbolos oníricos tienen significados profundamente diferentes para cada persona.

Un viejo libro de sueños afirma osadamente: "ver un león, es una esperanza de días mejores". Para esta afirmación no se presenta ningún razonamiento; se espera que el lector confíe en las palabras del autor.

Esta interpretación deja mucho que desear. Una persona que en su infancia fue asustada por un león en un zoológico, puede que no vea a este animal como un símbolo positivo. Por el contrario, una persona que ama a los leones y gatos puede aceptar esta interpretación. Un adorador de Isis, Bast o Sekhmet, puede darle a este sueño una interpretación sagrada.

El agua es símbolo común en los sueños. Los libros de sueños interpretan el agua como la indicación de una futura relación amorosa o amistosa. Sin embargo, si la persona tiene el recuerdo de haber estado a punto de ahogarse, o si el agua toma la forma de un mar tormentoso, es posible una interpretación personal muy diferente.

Ya que los sueños emergen de nosotros mismos (o en el caso de los sueños divinos, a partir de nuestras deidades), sólo el soñador puede descubrir sus significados ocultos (capítulo 14). ¿Entonces por qué estos libros han gozado de tanta popularidad? Los humanos siempre han buscado métodos simples de asomarse al futuro. Se han practicado cientos de formas de adivinación, incluyendo la interpretación de sueños. El hecho que estos libros sean el método menos confiable de interpretar dichos mensajes, no les ha disminuido su popularidad.

Afortunadamente, cuando se inició la investigación científica de los sueños, y el interés por ellos aumentó, apareció una nueva clase de libros sobre el tema. Algunos de estos analizan el proceso mismo de soñar. Entre ellos están *Landscapes of the Night: How and Why We Dream* (New York: Viking Press, 1983), de Christopher Evans; *Decoding your Dreams* (New York: Ballantine, 1988), de Robert Lang y *Dreams and Search for Their Meaning* (New York: Paulist Press, 1986), de Peter O'Connor.

Otros libros presentan métodos nuevos de trabajar con los sueños para crear cambios internos positivos y curaciones. Estos incluyen el de Stephen LaBerge, *Lucid Dreaming* (New York: Ballantine, 1986) y varios trabajos de Patricia Garfield, como *Creative Dreaming* (New York: Ballantine, 1974), *Women's Bodies, Women's Dreams* (New York: Ballantine, 1988) y *The Healing Power of Dreams* (New York: Simon y Schuster, 1991).

Los libros estandarizados de sueños continuarán siendo publicados en el futuro. Muchas personas acudirán ansiosamente a ellos cada mañana, buscando claves para los eventos del día.

Por fortuna, los nuevos libros le están dando orden y lógica a este proceso, y de este modo proporcionan valiosas herramientas a los soñadores, no sólo para la interpretación, sino también para el mejoramiento de la espiritualidad y nuestras existencias individuales.

II
NOCHE

Capítulo 9

SUEÑO SAGRADO

La conexión íntima entre el dormir y la espiritualidad se ha examinado en la sección anterior de este libro. Estas incursiones a las culturas pasadas han sido necesarias para apoyar mi tesis (que los sueños pueden ser un método de contactar la deidad) y colocar las bases para esta práctica.

A partir de las técnicas que gozaron de tanta popularidad en el mundo antiguo, en combinación con las investigaciones recientes sobre sueños, podemos crear un nuevo sistema de sueño sagrado. Algunos de los procedimientos se han modificado: no es necesario visitar un templo para recibir un sueño, y ahora nuestros sacrificios son de carácter diferente. Sin embargo, mucha de la información contenida en la segunda parte de este libro está basada directamente en las prácticas de los pueblos del viejo y el nuevo mundo, combinada con los resultados de la experiencia personal.

Sueño sagrado definido

El sueño sagrado es aquel que ocurre después de un ritual de petición de un sueño divinamente inspirado. El término incluye preparaciones rituales, rituales antes de dormir, el mismo acto de dormir, el registro de los sueños y su interpretación. El sueño sagrado es un acto ritual específico. Aunque podemos experimentar sueños divinos en cualquier momento, sólo se consideran producto del sueño sagrado aquellos creados como resultado de este proceso.

Inquietudes

Antes de profundizar más, es necesario tratar una serie de preguntas que algunos de ustedes también pueden tener.

¿Está sugiriendo que se puede forzar a que aparezcan seres espirituales en nuestros sueños? No, simplemente estoy afirmando que podemos pedirle (hasta suplicarle) a

nuestras deidades personales que se nos presenten en los sueños con inspiración, guía, consuelo o información profética. Ciertamente todos los adoradores tienen el derecho de pedir dicha asistencia divina.

¿Todas los diosas (y/o diosas) se aparecen en los sueños, o sólo aquellos conocidas históricamente por esto? La historia nos enseña que algunas deidades eran particularmente propensas a realizar visitas en los sueños, pero la mayoría de las culturas antiguas aceptaban que todos los dioses y diosas podrían presentarse de esta forma a sus adoradores. Esto se basa en que, mientras se está durmiendo, nuestras mentes subconscientes (o "almas") se liberan de las distracciones de la vida diaria y, de este modo, están abiertas para recibir mensajes divinos. Las deidades pueden enviar dichos mensajes en cualquier momento, en el día o la noche. Sin embargo, los que se reciben en la noche son más probables de ser recordados (como sueños) que aquellas revelaciones divinas inesperadas que ocurren mientras tratamos de parquear en un espacio pequeño. Así, el dormir nos proporciona una excelente oportunidad para fortalecer nuestros contactos espirituales.

"Todavía no estoy seguro que esto sea correcto". Si esta es su inquietud, dese cuenta que el sueño sagrado fue inventado por los mismos dioses (no por humanos). Si está cuestionando lo aconsejable de introducir conscientemente

el dormir a sus actividades espirituales, espere. Podría tener un sueño que responda sus inquietudes.

¿Por qué los dioses tratarían de contactarme? ¿Por qué no? La espiritualidad, como la naturaleza, aborrece el vacío. Una relación personal con la deidad es una calle de doble vía. Esta comunicación (en forma de oración, ritual y meditación) es una parte integral de todas las prácticas espirituales de realización y puede extenderse al acto de dormir.

Yo no adoro ningún dios. Me sintonizo con mi totem animal (o espíritu ayudante, o guía). ¿Puedo practicar el sueño sagrado para comunicarme con un oso? Por su puesto. La forma del ser espiritual no es tan importante como la relación que usted ha establecido con ese ser.

Yo estoy espiritualmente a la deriva. No estoy en contacto con ninguna deidad en particular. ¿Todavía puede utilizar el sueño sagrado? Sí. De hecho, los sueños pueden emplearse para determinar la naturaleza de su camino espiritual personal. Muchas culturas nativas americanas utilizaban los sueños para descubrir los espíritus personales (deidades) de hombres y mujeres, que les daban conocimiento, sabiduría y poder espiritual. La integración del sueño sagrado a sus actividades espirituales existentes, es ciertamente lo ideal. Cuando esto es imposible, se pueden utilizar las técnicas presentadas en esta sección, pero con unas pequeñas alteraciones. Usted puede invocar una deidad apropiada antes de ir a la cama y esperar una respuesta. Alternamente, se puede utilizar una invocación general a la diosa o el dios.

¿No es esto un poco peligroso? ¿Podríamos invocar demonios u otros seres que jugarían con nuestras mentes? La respuesta es no, por dos razones. Primero, lo que fue percibido como demonios en las culturas antiguas eran emociones humanas negativas, condiciones físicas específicas (tales como la epilepsia), enfermedades y desórdenes mentales y de comportamiento. Hoy día, muchos ocultistas interpretan el concepto de demonios como malentendidos de la acumulación de energía negativa (que carece de consciencia o personalidad) que ocurren naturalmente en áreas habitadas por grandes grupos humanos. Los demonios, como seres maniáticos y devoradores, simplemente no existen. No pueden entrar en nuestros sueños. En segundo lugar, las preparaciones e invocaciones rituales que preceden al sueño sagrado, lo conectarán firmemente con su deidad. Los "demonios" no lo molestarán.

¿Qué tan a menudo debería tener un sueño sagrado? Sólo en tiempos de necesidad. Tales necesidades pueden incluir comodidad y reaseguramiento espiritual; consejo acerca de relaciones, familias, emociones, cambios de lugares, y empleo; vistazos hacia el futuro; condiciones físicas; pérdidas amorosas y otros asuntos.

¿Cómo sabré si un sueño ha sido divinamente inspirado, si la diosa (o dios) no aparece dentro de él? Esa es una excelente

pregunta. Algunos métodos para hacer esa determinación, se discuten en el capítulo 15.

Qué tanto valor debería darle a los sueños divinos? Esa debe ser una decisión personal. Si valora la relación con su deidad personal, reflexionará sobre tales mensajes y actuará sobre ellos sin retraso. Si no hace esto, podría tener otro sueño del mismo tipo y mensaje. Si ignora tres o más mensajes idénticos, probablemente debería suspender el sueño sagrado, ya que obviamente no está preparado para el consejo.

¿Debería practicar el sueño sagrado durante el embarazo o la menstruación? Estos temas son investigados superficialmente en el siguiente capítulo. Las referencias para otras fuentes de información concernientes a estos temas se pueden encontrar en las notas siguientes al capítulo 11.

Espero haber respondido la mayoría de sus inquietudes. Para las que no fueron tratadas, sueñe y deje que su deidad le suministre las respuestas.

El sueño sagrado como religión personal

El sueño sagrado es una de las formas más antiguas de espiritualidad personal. Éste evoca los tiempos cuando la religión no era un asunto monoteísta, monolítico y patriarcal. En los tiempos antiguos era delgado el velo que separaba nuestro mundo del reino de los dioses.

Nuestra sociedad ha creado una cortina de hierro de duda y temor espiritual entre las dos esferas. Sólo son perdonadas las formas más limitadas de creencias y prácticas religiosas, y esperamos colocar nuestras prácticas espirituales en manos de otros.

No obstante, el surgente renacimiento de la espiritualidad pagana (particularmente la arrolladora popularidad de la adoración a la diosa), y el ensanchamiento general de la consciencia humana, son señales positivas de que más estructuras y prácticas religiosas continuaron teniendo lugar en la sociedad humana. Una vez más ha llegado la era de la religión personal.

El sueño sagrado es una manifestación del proceso de remover la espiritualidad de la mano de los expertos y colocarla donde pertenece: en los corazones, las mentes y los sueños de los propios adoradores.

MENSAJEROS DE LOS SUEÑOS

La segunda parte de este libro ha sido escrita para quienes han establecido una relación personal con la deidad (o deidades). Es esta relación la que actúa como conducto de la sabiduría divina a través de nuestros sueños.

En el sueño sagrado, denominamos mensajeros a las deidades que nos proveen sueños. Estas son las divinidades que adoramos en nuestras vidas estando despiertos, con una pequeña diferencia: aunque podemos experimentar unión espiritual con nuestras diosas y/o dioses, en cualquier momento durante el día, sólo aparecen como mensajeros en la noche, mientras dormimos.

La primera sección de este libro mostraba las prácticas rituales de los sueños en el mundo antiguo. En contraste con las posteriores religiones occidentales y del Medio Oriente, los pueblos más antiguos tenían una relación mucho más cercana con sus conceptos de lo divino. Excepto por las reinas y reyes de los panteones, las deidades no eran distantes y frías; se comunicaban fácil y voluntariosamente con sus adoradores.

Aunque los sueños pueden recibirse espontáneamente a partir de deidades "extrañas" (esto es, aquellas con las que no nos hemos sintonizado), tales instancias son raras y pueden ser ignoradas por el soñador debido a la falta de familiaridad con los símbolos y atributos de la deidad. Los mensajes más claros llegan directamente de la deidad (o deidades) que más conocemos.

El paganismo occidental contemporáneo

Las deidades paganas todavía viven. Continúan estando involucradas en los fenómenos naturales, los antiguos placeres y nuestros problemas. Ellas no murieron; sólo fueron destruidas las principales formas de su adoración.

Un gran número de occidentales inteligentes se ha quitado las esposas espirituales de la religión monoteísta que han estado en nuestras manos durante 2000 años. Los viejos ideales y conceptos de lo divino han sido reexaminados. Hombres y mujeres están contactando diosas y dioses de épocas pasadas, encontrando verdades antiguas que han sido omitidas por largo tiempo.

Algunos paganos modernos adoran un entero panteón de diosas y dioses, aunque muchas mujeres limitan su adoración solamente a las diosas (ver el libro de Margot Adler, *Drawing Down the Moon*). Esto se aplica a la adoración personal y a las nuevas formas de antiguas religiones, incluyendo la Wicca. La adoración de la diosa en particular, muestra fuertes signos de crecimiento continuado entre hombres y mujeres. El renacimiento de la espiritualidad pagana está sobre nosotros.

Estas deidades paganas son las que tienen más probabilidad de aparecer en el sueño sagrado, y este libro está inclinado a su favor. No ofrezco disculpas por esta parcialidad. Durante dos milenios, las diosas y los dioses tocaron las vidas de sus adoradores con sueños curativos, proféticos y reconfortantes. Los regalos recibidos en los antiguos templos de sueños nunca han sido igualados.

Si usted ha establecido una relación con una deidad, probablemente está familiarizado con sus historias sagradas (mitos), atributos y símbolos. Sin embargo, aquí se incluyen los listados de atributos, símbolos y apariencias, para asegurarle que reconocerá las características de su deidad cuando él o ella llegue en su sueño.

Si no ha encontrado su mensajero

Si por algún motivo todavía no se ha sintonizado con una deidad, la información contenida en la tercera parte de este libro (recuerdo, registro e interpretación de sueños) es valiosa y puede ser empleada por todas las personas para interpretar los sueños.

Adicionalmente, en momentos de crisis puede ser usado un ritual de sueños, incluso por quienes no tienen conexiones con las divinidades (ver el capítulo 11). Si un dios (o diosa) aparece inesperadamente en un sueño, vea esto como una señal de que él o ella tiene la disposición de escucharlo y ayudarlo a resolver sus problemas.

Las listas

La primera lista en la siguiente sección incluye deidades egipcias, sumerias, babilonias, asirias, griegas y romanas. Aunque las deidades célticas están fuera del alcance de este trabajo, he añadido una segunda lista que describe sus atributos, debido al continuo resurgimiento del interés en los dioses y diosas célticos.

Estas listas están lejos de incluirlos a todos. La investigación de las historias sagradas ("mitología") le proveerá al lector interesado información más profunda. Adicionalmente, el apéndice 1 consta de una lista de símbolos de sueños y sus deidades, y el apéndice 2 es un listado alfabético de deidades de sueños.

Deidades, apariencias y símbolos

Adad: (babilonio) Dios de las tormentas, la lluvia, y los augurios. Símbolos: el toro, iluminación, ciprés, montaña, riquezas, el número 6.

Aesculapius: (griego, romano) Dios de la curación. Puede aparecer como un hombre elegante y barbado, sentado en un trono y sosteniendo una vara envuelta con una serpiente viva, o hasta como una serpiente o perro. Símbolos: serpiente, una vara entrelazada con una serpiente, perro.

Afrodita: (griega) Diosa del amor, la belleza y la guerra. Puede aparecer desnuda parcialmente vestida, o totalmente vestida, tal vez con una túnica. También puede verse elevándose desde el mar o manejando un carruaje. Símbolos; escudo, espada, casco, flecha, rosa, mirto, manzana, paloma, golondrina, competencias, pez, jardín, el planeta Venus, el mes de abril, amapola, gorrión, cisne.

Amon: (egipcio) Dios del viento. Símbolos: morueco, ganso.

Amor: (romano) Dios del amor. Puede aparecer como un joven con alas. Símbolos: antorcha, arco, flecha.

Anu: (sumerio) Padre de las deidades. Símbolos: altar con cuernos, toro, diadema, tamarisco (árbol), estrellas, el número 60.

Anubis: (egipcio) Dios de la muerte quien preside los funerales y guía las almas. Puede aparecer como un hombre con cabeza de chacal. Símbolos: chacal, balanzas.

Apis: (egipcio) Nombre griego para Hapi, el toro sagrado de Menfis. Originalmente una deidad de la fertilidad. Símbolo: toro.

Apolo: (griego) Nombre del griego Dios de la música, las artes, el teatro, la curación, la profecía y la arquería. Puede aparecer como un hombre joven desnudo. Símbolos: lira, laurel, cuervo, cisne.

Artemisa: (griega) Diosa virgen de la cacería. Rige y protege los animales salvajes y el parto. Puede aparecer como una cazadora divagando por los bosques, o manejando un carruaje arrastrado por dos venados y sosteniendo su arco. Símbolos: nacimiento, león, venado, perro, flecha, arco, cabello, luna, laurel, gallo.

Ashnan: (babilonia) Diosa del trigo. Símbolos: granos, arado.

Asklepios: Ver Aesculapius.

Atenas: (griega) Diosa virgen de la sabiduría, la guerra y la paz. Símbolos: casco, armadura, escudo, serpiente, olivo, calavera, bridas, búho.

Baco: (romano) Dios del vino y la fertilidad. Símbolos: vino, parra, uvas, copa de vino.

Bast: (egipcia) Diosa de la música, la danza, la alegría, la felicidad, el perfume y el amor espiritual. A menudo es vista como una virgen con cabeza de gato, sosteniendo un sistro y con gatitos a sus pies. También puede aparecer como un gato. Símbolos: gato, león, sistro. Un nombre alterno es Bastet.

Bes: (egipcio) Dios de la protección (especialmente de niños), el nacimiento, la prosperidad y la danza. El también motiva la actividad carnal humana. Bes era invocado en el antiguo Egipto antes de dormir, para protección y para que enviara sueños favorables. Usualmente aparece como una figura agachada y diminuta, con piernas torcidas, ya sea desnudo o vestido con una piel de león. Símbolos: instrumentos musicales tales como la tamborina (cuyo sonido resguardaba del mal), un cuchillo.

Ceres: (romana) Diosa de la agricultura, la fertilidad y el matrimonio. Símbolos: granos, frutos, flores, pan.

Deméter: (griega) Diosa de la tierra y la fertilidad. Puede revelarse ya sea caminando o sentada, siempre completamente engalanada; a veces aparecía en una carroza. Símbolos: granos, copa de vino, cerdo, comida (en general), caverna, cerveza, cebada, abeja, pan, serpiente.

Diana: (romana) Diosa de la virginidad, de la luna, los bosques, la cacería. Puede aparecer como una cazadora. Símbolos: luna creciente, la luna misma, arco, perro, árboles.

Dionisio: (griego) Dios del vino, la fertilidad y la embriaguez. Símbolos: Vino, uva, copa de pino, barco, hiedra, higo.

Dumuzi: (sumerio) Dios de la vegetación y la fuerza masculina en la naturaleza.

Ea: (babilonio) Dios de la sabiduría, las aguas dulces, la magia, las artes y las tormentas. Símbolos: Agua, cobre, morueco, la estrella Dilgan, la constelación Acuario, el número 40.

Enlil: (sumerio) Dios del viento, dios supremo de Sumeria. Símbolos: Zapapico, prendas para la cabeza, decoradas con cuernos, montaña, las estrellas (en general), la constelación Pleyade.

Eos: (griega) Diosa del amanecer. Símbolos: Carruaje, rocío.

Eris: (griega) Diosa de la discordia y las competencias. Símbolos: Manzanas, competencias.

Eros: (griego) Dios del amor. Puede aparecer como un hombre joven desnudo y con alas armado con un arco y flechas con puntas de oro. Símbolos: Arco, flechas.

Fauna: (romana) Diosa de los sueños oraculares, la tierra, la salud, y los animales domésticos.

Faunus: (romano) Dios de la naturaleza y protector de los pastores. Es enviador de sueños. Puede ser visto con cuernos. Símbolos: Vaca, árboles.

Flora: (romana) Diosa de las flores, los granos y la sexualidad humana. Símbolos: Flores, primavera.

Fortuna: (romana) Diosa de las mujeres y de la buena fortuna. Símbolos: Cornucopia, globo, rueda de la fortuna, riqueza, timón.

Gaea: (griega) Diosa de la tierra, el matrimonio y la profecía. Símbolos: Cornucopia, vapores, llaves, frutas y vegetales. (Un símbolo moderno popular de Gaea es una fotografía de la tierra tomada desde el espacio).

Gatumdury: (babilonia/asiria) Diosa de la leche. Símbolos: Leche.

Geb: (egipcio) Dios de la tierra. Puede aparecer como un humano masculino luciendo la corona del bajo Egipto (o un ganso) en su cabeza. Símbolos: La corona del bajo Egipto, ganso.

Geshtinanna: (babilonia/asiria) Diosa de la preparación de la cerveza. "Intérprete divina de los sueños". Símbolos: Vino, cerveza, parra.

Gula: (sumeria) Diosa de la curación. Símbolo: Perro.

Hamarkis: (egipcio) Un aspecto de Horus identificado con la esfinge mucho antes de su creación. Símbolo: Esfinge.

Hapi: (egipcio) Dios de Nilo. Puede aparecer como un hombre bien alimentado o un mico.

Harakty: Ver Ra-Harakty.

Hathor: (egipcia) Diosa del cielo, la danza, la música y el amor; madre diosa; "Madre de la casa de la jubilación". Puede aparecer como una vaca, como una mujer con cabeza de vaca, o como una mujer con cuernos de vaca en la cabeza. Símbolos: Leche, sistro, vaca, árboles (en general), sicómoro.

Hecate: (griega) Originalmente, una diosa de la luna, la tierra y el mar; sus bendiciones eran la riqueza, victoria, sabiduría, y cacería exitosa. Más tarde en la historia griega, fue una diosa de las magias oscuras y la hechicería. Puede aparecer como una mujer ordinaria, o como una mujer de tres cabezas seguida por perros que aúllan. Símbolos: Serpientes, antorchas, perro, la luna, travesías.

Heket: (egipcia) Diosa del amor, la fertilidad y el parto. Puede ser vista como una rana, nacimiento.

Helios: (griego) Dios del sol; es quien "ve y escucha todo". Era invocado para testificar los juramentos solemnes. Puede verse en una carroza arrastrada por caballos; algunas veces como un hombre con alas.

Hephaestus: (griego) Dios del fuego, las artes y el trabajo con metales. Símbolos: Martillo, yunque.

Hera: (griega) Diosa del matrimonio y el parto, reina de todas las deidades. Guardiana de las promesas del matrimonio. Símbolos: Vaca, pavo, diadema, manzana, pomegranate, nacimiento, carruaje, velo.

Hermes: (griego) Mensajero de los dioses; protector de los hogares; da suerte; es el guía divino de los sueños. Puede ser visto cargando un morueco o sosteniendo una lira, o como un hombre joven con alas, luciendo zapatos y sombrero con alas, llevando una vara. Símbolos: Lira, pilas de piedras, sandalias, caminos, riquezas, instrumentos de gimnasia, flauta, pilares, morueco, sombrero, competencias, agasajos.

Hestia: (griega) Diosa de la tierra y del fuego. Símbolos: Corazón, fuego, chimenea, hogar.

Horus: (egipcio) Dios del cielo y la protección. Puede verse con cabeza de halcón. Símbolos: Halcón, ojo.

Hygeia: (griega) Diosa de la buena salud. Puede ser vista dándole agua a serpientes en un tazón. Símbolos: Serpiente, tazón.

Hypnos: (griego) Dios del estado dormido. Aparece como dos de sus símbolos: Un hombre joven alado sosteniendo una amapola o un pequeño cuerno.

Inanna: (sumeria) Diosa del amor, la guerra, el planeta Venus. Puede aparecer desnuda, con rayos de luz rodeándola, o como una cazadora. Símbolos: Arco, perro, león, la luna, el planeta Venus, un atado de caña.

Iris: (griega) La precursora de las deidades. Puede verse como un ser alado, sosteniendo una vara de mando y viajando en un arco iris. Símbolos: Vara de mando, arco iris.

Ishtar: (babilonia/asiria) Diosa del sexo, el amor, la guerra y la cacería. Reina del cielo. Símbolos: Arco, serpiente, perro, paloma, león, luna, estrella, estrella de ocho puntas, roseta, el número 15, el planeta Venus.

Isis: (egipcia) Diosa del amor, la magia, la curación, el parto, la tierra, la luna, protectora de los muertos, restauradora de los muertos, la navegación, las tierras cultivadas, los campos, la agricultura, la comida, el agua, la justicia, riquezas, educación, enfermería, el más allá (por nombrar unos pocos de sus atributos. Aparece como una mujer vistiendo una prenda para la cabeza en forma de buitre, sosteniendo un papiro; luciendo una prenda para la cabeza que consta de un disco rodeado por cuernos (sol y luna); como una madre amamantando a su hijo (Horus). Símbolos: Trono, sistro, pájaro, pan, lanzadera, timón, prendas de lino, riqueza, loto (lirio de agua), leche, luna, antorcha, la estrella Sirius (Sothis) y Antares.

Janus: (romano) Dios de las puertas y la ley. Puede aparecer como un hombre de dos caras. Símbolo: Puerta.

Juno: (romana) Diosa del matrimonio y el nacimiento; protectora de las mujeres casadas. Símbolos: Pavo, puerta, nacimiento, cabra.

Júpiter: (romano) Dios del cielo, la luz, la lluvia, y la guerra. Símbolos: Roble, montaña, carruaje, cristal de roca, gorra blanca.

Ki: (sumeria) Antigua diosa de la creación. Más tarde identificada con Ninhursag.

Lathar: (sumerio) Dios del ganado. Símbolo: Vaca.

Liber: (romano) Dios del vino y la fertilidad. Se celebra el 17 de marzo. Símbolos: Vino, parra, uva.

Luna: (griega) Diosa de la luna; Luna es un epíteto de Artemisa. Símbolo: Luna.

Marduk: (sumerio) Dios del exorcismo, la curación, la sabiduría y el juicio; trae la luz; es la cabeza del panteón Sumerio. Símbolos: Masusu (criatura con forma de dragón), pala, tableta de escritura en arcilla, plomo (metal), hoz, y el planeta Júpiter.

Marte: (romano) Dios de la guerra y protector de los campos. Símbolos: Lanza, escudo, pájaro carpintero, lobo y toro.

Mercurio: (romano) Dios de los negocios, la industria, la riqueza y las utilidades.

Min: (egipcio) Dios de la fertilidad. Usualmente aparece como un hombre con una erección. Símbolos: Falo, lechuga.

Minerva: (romana) Diosa de la sabiduría, protectora de los artesanos y profesores. Símbolos: Búho, olivo, casco, el número 5.

Nabu: (babilonio/asirio) Escriba de las deidades. Dios de las escrituras. Símbolos: Tableta de arcilla, pala, punzón.

Nanna: (sumerio) Dios de la luna y de la justicia; "Señor del destino". Símbolo: La luna creciente.

Nanshe: (sumeria) Diosa de los sueños, la ética y la moral. "La interprete divina de los sueños".

Nekhbet: (egipcia) Diosa tutelar del faraón y diosa del parto. Símbolos: Buitre, vara de autoridad.

Ningirsu: (sumerio) Dios de la fertilidad, los campos y la guerra. Símbolos: Aguila con cabeza de león (llamada Imdugad), el número 50.

Ninhursag: (sumeria) Diosa primaveral de las montañas. Madre de todas las cosas vivientes. También conocida como Ninmah ("dama exaltada"), Ninta ("la dama que da el nacimiento"), Mami y Ninmu. Símbolos: Plantas en general.

Ninkasi: (sumeria) Diosa de la cerveza y el pan; cervecera divina de las deidades. Símbolos: Cerveza, pan.

Ninsun: (sumeria) Diosa de la sabiduría e intérprete de sueños, madre de Gilagamesh.

Ninurta: (sumerio) Dios de la guerra, los campos, la fertilidad, y del viento tormentoso del norte. Símbolos: Perro, cañas, yeso.

Nisaba: (sumeria) Diosa de la escritura, el conocimiento, el entendimiento y los granos. "Ella es quien abre los oídos". Símbolos: Granos, cebada, punzón.

Nut: (egipcia) Diosa del cielo; diosa de la resurrección. Puede ser vista como una figura femenina desnuda extendida en el cielo, como una "vaca del cielo", o como una oveja. Símbolos: El color azul, cerdo, una manta azul resplandeciente.

Osiris: (egipcio) Dios de la fertilidad, la agricultura, la danza, la muerte y la resurrección. Aparece como una momia (envuelta solo hasta el cuello), con barba y llevando una corona blanca. Símbolos: Gancho, mayal, liebre.

Pan: (griego) Dios de los campos y los bosques. Puede ser visto como un hombre de mucho cabello, con cascos de cabra, cuernos y barba. Símbolos: Pipas, flauta, bosque, cabra, cacería, árboles.

Persephone: (griega) Diosa de la vegetación, fertilidad y el más allá. Símbolos: Granos, pomegranate, plantas (en general).

Pomona: (romana) Diosa de los frutos maduros. Símbolos: Fruta, manzana.

Poseidon: (griego) Dios del mar. Puede ser visto como un caballo galopando en la playa, o en las olas. Símbolos: Caballo, tridente, relámpagos, terremotos, delfín, carreras de caballo, carruaje, navegación.

Ptah: (egipcio) Dios creador; dios de los oficios. Puede aparecer como un hombre envuelto (como una momia) hasta el cuello.

Ra: (egipcio) Dios del sol. Símbolos: obeliscos, halcón, barco.

Ra-Harakty: (egipcio) Dios del sol de la mañana. Símbolos: Halcón

Salus: (romana) Diosa de la salud; protectora contra enfermedades. Símbolos: Serpiente, tazón.

Sekhmet: (egipcia) Diosa de la guerra, la curación, la magia, el deseo y la pasión. Puede aparecer como una leona o como una mujer con cabeza de león. Símbolos: Vientos calientes, desierto, gato, león, escorpión.

Selket: (egipcia) Diosa de la magia y la protección. Aparece como una mujer con un escorpión sobre su cabeza; otras veces, como teniendo cuerpo de escorpión con cabeza humana. Símbolos: Escorpión.

Serapis: (forma ptoloméica de Osiris-Apis) Dios de la curación en la antigua Grecia, Roma y Egipto. Puede aparecer como un toro. Símbolos: Toro.

Set: (egipcio) Dios de la adversidad y la personificación del mal. Símbolos: Antílope, cocodrilo.

Shala: (asiria) Diosa de los granos. Símbolo: Granos.

Shamash: (babilonia) Dios de la justicia y el sol. Símbolos: León, sierra, el número 20.

Sin: (babilonio/asirio) Dios de la luna, señor del destino. Símbolos: Creciente, toro, dragón, bote, calendario, el número 30.

Spes: (romana) Diosa de la esperanza. Puede aparecer como una joven mujer llevando flores o granos. Símbolos: Granos, jardines.

Thoth: (egipcio) Dios de la luna, la escritura y el calendario. Puede verse como teniendo la cabeza de un ibis. Símbolos: Ibis, palma, calendario.

Tyche: (griega) Diosa de la fortuna y el destino. Símbolos: Cornucopia, rueda, globo, bola, timón.

Utu: (babilonio/asirio) Dios del Sol y de la justicia.

Uttu: (sumeria) Diosa de las plantas, el tejido y la ropa.

Vesta: (romana) Diosa de la chimenea y el fuego. No se hicieron imágenes de ella. Símbolos: Chimenea, fuego, hogar, asno.

Vulcano: (romano) Dios de la herrería y del fuego; también protegía contra los incendios. Símbolos: Fuego, martillo, yunque.

Zeus: (griego) Dios supremo; dios del estado del tiempo, la lluvia, los rayos, la nieve, el juicio y la libertad. Símbolos: Roble, pájaro, cucú, rocío, obeja, toro, ganso, águila, justicia, serpiente, álamo blanco.

Deidades célticas

Angus Mac Og: (irlandés) Un dios del amor. Usualmente visto como un joven.

Anu: (irlandés) Diosa madre; proveedora de la abundancia.

Badb: (irlandés) Diosa de la guerra. Símbolo: El cuerno.

Bress: (irlandés) Dios de la fertilidad y la agricultura.

Brigit: (irlandés) Diosa de la curación, la herrería, la poesía y la inspiración; asociada con los fuegos purificadores. Parece haber sido adorado solamente por mujeres.

Cerridwen: (galés) Diosa de la luna y de los granos; proveedora de sabiduría. Ella posee un caldero de regeneración e inspiración. Adorada ampliamente por Wiccans y paganos contemporáneos. Símbolo: Caldero.

Cernunnos: (céltico) Dios con cuernos; posiblemente una deidad de la fertilidad y la riqueza, o del más allá. Usualmente visto sentado con las piernas cruzadas, llevando cuernos de venado en su cabeza. Adorado por muchos wiccans y paganos contemporáneos.

Dagda, the: (irlandés) "El buen dios"; dador de fertilidad y abundancia; supervisor de contratos. Símbolos: Un club masivo, un caldero de comida que nunca se llena, una arpa mágica donde se pueden tocar canciones para dormir, canciones de pena y de alegría.

Danu: (irlandés) Madre diosa.

Diancecht: (irlandés) Dios de la medicina con el milagroso poder de curar todas las heridas.

Dylan: (galés) Dios del mar.

Epona: (británico y Galés) Diosa del caballo, madre diosa. Durante el periodo Romano, las unidades de caballería la adoraban. Vista usualmente montando en un caballo blanco. Símbolos: Caballo, cornucopia, perro.

Goibniu: (irlandés) Dios de la elaboración de armas. Cervecero divino.

Govannon: (galés) Dios de la herrería.

Herne: (británico) Dios con cuernos de la cacería salvaje.

Lugh: (irlandés) Dios de la magia, la guerra, la poesía, el arte, y los oficios manuales. Símbolos: Cuerno, lanza.

Mabon: (galés) Dios de la cacería.

Manannan Mac Lir: (irlandés, de la isla de Mans) Dios del mar, gobernante de "la tierra bendita" (el reino alegre de los fallecidos). Predecía el estado del tiempo para los marineros. A menudo visto cabalgando en las olas en una carroza. Símbolo: Caldero.

Morrigan: (irlandés) Diosa de la guerra. Aparecía como un cuervo antes y durante las batallas. Símbolo: Cuerno.

Ogma: (irlandés) Dios de la sabiduría y la escritura. El desarrollo el más antiguo alfabeto de mensajeros de sueños Irlandés, la escritura Ogham, aproximadamente en el año 400 E.C.

Rhiannon: (galés) Diosa de la fertilidad, el más allá, y posiblemente de al luna. Símbolo: Caballo blanco.

Sirona: (galés) Diosa de los manantiales y pozos, y posiblemente de las estrellas.

Tailtiu: (irlandés) Diosa de la tierra y de las fuerzas naturales.

Capítulo 11

PREPARACIONES PARA EL SUEÑO SAGRADO

Ya que el sueño sagrado es un acto de unión con nuestras deidades, antes del retiro es sabio asegurar que estemos en un estado espiritual claro, calmado y centrado. Pedirle a los dioses mensajes de sueños mientras uno se está durmiendo en estado de embriaguez, es casi una garantía de que no habrá resultados.

Las sugerencias que siguen, son sólo eso, sugerencias. Los preparativos reales para el sueño sagrado pueden variar por diversas razones: su entorno (no hay bañera; un océano cerca); su salud (no comer después que oscurezca puede poner en peligro su vida durante algunas enfermedades); la naturaleza de su mensajero (no comer pescado justo antes de invocar una diosa que prohíbe su consumo); y otros factores.

Las siguientes discusiones están basadas en prácticas antiguas además de la experiencia personal. Siéntase libre de utilizarlas en los preparativos del sueño sagrado.

Elección del tiempo apropiado

La determinación del momento adecuado puede ser importante. Un día festivo asociado con su diosa o dios sería muy apropiado, al igual que las estaciones o meses directa o indirectamente relacionados con la deidad (primavera para dioses de las plantas, verano para deidades sexuales, otoño para las deidades de la cosecha, invierno para las deidades más oscuras).

La Luna

Un segundo método involucra las fases de la Luna, que tienen un efecto significativo sobre el cuerpo, la mente y las emociones humanas, y pueden ser una guía útil:

Luna creciente: Preguntas que involucran nuevos proyectos, creatividad, fertilidad, crecimiento, curación, amor, emociones alegres, relaciones, salud, concepción, partos, bebés en general, dinero, familias.

Luna llena: Preguntas de toda clase (incluyendo las mostradas anteriormente y las que siguen).

Luna menguante: Preguntas que tienen que ver con el pasado, vidas pasadas, sabiduría, fuentes de conocimiento, profesores, emociones depresivas, finalizaciones.

Por supuesto, las diosas lunares se invocan mejor en la fase que más se ajusta con sus influencias.

Los ciclos

Los ciclos humanos son otro factor que se puede utilizar en la determinación de la noche ideal para el sueño sagrado. Muchas mujeres reconocen que la menstruación marca un tiempo de poder espiritual altamente mejorado. El temor masculino por el poder de las mujeres durante la menstruación, evidente en muchas culturas, pudo haber sido la razón para que los hombres tengan el concepto que las mujeres no son "limpias".

Debido a que durante la menstruación el poder se incrementa, muchas mujeres descubren que sus sueños son alterados radicalmente. Los sueños en tales momentos pueden ser mucho más activos e involucrados con sexo, violencia y conversaciones con animales, entre otras experiencias.[1] Además, aunque la verdadera naturaleza del síndrome premenstrual todavía está en discusión, es posible que el período de sueño más largo en las mujeres durante este tiempo, pueda ser el medio para alejar los efectos indeseables presentes.[2] Ya que el sueño sagrado justo antes y durante la menstruación produce experiencias oníricas más poderosas y vívidas, este puede ser un tiempo excelente para pedirle dicho sueño a una deidad (específicamente a una diosa).[3]

Durante el embarazo, la mayoría de mujeres presentan un incremento en el número de sueños.[4] Esto puede deberse a los niveles más profundos que experimentan las mujeres al dormir durante las primeras etapas de gestación.[5]

El sueño sagrado puede practicarse durante el embarazo, pero probablemente será más productivo en el primer y segundo trimestre. En el tercer trimestre, los dramáticos cambios fisiológicos que ocurren dentro del cuerpo de la mujer, a menudo perturban el dormir. Los sueños cerca al final del proceso de gestación tienden a tratarse únicamente del bebé y el embarazo mismo.[6] Sin embargo, parece muy razonable pedirle sueños a las diosas asociadas con el parto.

El día siguiente

Otra consideración es mucho más trivial: ¿será usted capaz de despertarse naturalmente la mañana siguiente? Los textos antiguos confirman que la mayoría de los sueños divinamente inspirados ocurren en las últimas horas que la persona duerme, cuando el alma está más libre de las influencias mundanas.[7] Tener un reloj despertador que lo saque de su sueño sagrado no es lo ideal, y puede impedirle completar un sueño importante. Si este es el problema, planee el sueño sagrado cuando no tenga que levantarse con un despertador a la mañana siguiente.

Finalmente, estoy obligado a decir que ninguna de las cosas que acabo de mencionar son verdaderamente necesarias. El sueño sagrado puede y debería usarse cuando sea requerido. De hecho, puede emplearse como una medida de emergencia en cualquier momento.

Confíe en sí mismo. Usted sabrá cuándo llamar su mensajero.

La dieta

Consuma comida ligera al comenzar la noche del sueño sagrado; coma poco o nada después de la caída del Sol. Se deberían evitar las comidas pesadas y las carnes, pues tienden a distraer la mente psíquica, y de este modo la conexión apropiada con la deidad. Artemidoro afirma que se deben examinar los sueños causados por "comer sin moderación" antes de dormir, porque este exceso impide la ocurrencia de sueños verdaderos.[8]

Lo ideal son las comidas de fácil digestión (pescado y vegetales ligeramente cocinados). Muchos alimentos están ligados a las deidades, y se pueden consumir durante el día como una parte de la dieta especial para sueños.

El ayuno y las dietas extremas a menudo eran un pre-rrequisito para la antigua incubación[9] del sueño, pero no hay necesidad de aguantar hambre antes del sueño sagrado. El ayuno supervisado médicamente puede tener sus usos espirituales, pero no es necesario para nuestros propósitos.

El alcohol y las drogas de prescripción

Galeno escribió que el vino era prohibido por lo menos los quince días previos al sueño sagrado.[10] Filostro escribió que el vino fue prohibido en el templo de Asclepio en Pérgamo, porque ensuciaba el "éter del alma".[11] También escribió que los intérpretes de sueños se rehusaban a escuchar los que habían ocurrido bajo la influencia del alcohol.[12] La mayoría de las otras culturas antiguas coincidía en que el soñador debería estar libre de alcohol por lo menos veinticuatro horas antes de la incubación.

Las investigaciones llevadas a cabo en las últimas tres décadas parecen sugerir que ciertas drogas inhiben la producción de sueños, incluyendo el alcohol,[13] los tranquilizantes y las píldoras para dormir,[14] pero la cafeína puede realmente estimularlos.[15] La naturaleza del papel de la cafeína en la producción de sueños no es clara, pero tal vez, después que sus efectos estimulantes se han disipado ampliamente, los suficientes niveles de este alcaloide permanecen en el sistema para estimular la mente mientras la persona duerme, produciendo así los sueños. A pesar del potencial de la cafeína para mejorar la producción de sueños, no es recomendable, ya que puede inhibir el deseo de dormir.

El alcohol debería considerarse como una influencia limitante y no sagrada. Antes del sueño sagrado es mejor evitar el alcohol, los tranquilizantes y las pastillas para dormir.

La castidad

La idea de que el sexo no es "limpio" parece haber sido desarrollada como un método masculino de imposición social para controlar a las mujeres, y está desde luego más ligado directamente con la menstruación. No obstante, muchas culturas antiguas integraron el sexo (simbólico o real) en ciertos festivales. Adicionalmente, la prostitución en el templo, incluyendo hombres y mujeres, era una práctica común en Mesopotamia. Se puede encontrar un fuerte elemento sexual en los ritos religiosos del antiguo Egipto, Babilonia, Grecia, Roma, Gran Bretaña, África, China, Japón, India, Melanesia, Micronesia y Polinesia. Incluso las iglesias europeas contienen grabados sexualmente explícitos.

Sin embargo, la mayoría de las antiguas culturas mediterráneas eran inexorables: no se permitían las relaciones sexuales antes del sueño sagrado. La cantidad de tiempo variaba, pero usualmente era de por lo menos veinticuatro horas.

Hoy día, tenemos diferentes puntos de vista concernientes al sexo, y muy pocas mujeres se consideran "sucias". La actividad sexual antes del sueño sagrado no reviste gran importancia y, efectivamente, podría ser favorable tener relaciones sexuales antes de pedirle un sueño a un dios o diosa sexual. No obstante, yo sugeriría llevar a cabo el ritual del sueño después del sexo, no antes.

Capítulo 12

RITUALES DE LOS SUEÑOS

Somos individuos únicos. Aunque todos los humanos compartimos características comunes, nuestros seres interiores muestran una gran variedad. Los rituales para producir sueños divinos son diseñados para encontrarnos con nuestras personalidades específicas. Ellos deberían reflejarnos la naturaleza del mensajero y nuestra relación con él.

Hay muchos factores a tener en cuenta cuando se diseñan rituales personales de sueños. Los rituales para las diosas pueden ser muy diferentes a los dirigidos a dioses. La cultura de la cual proviene la deidad puede afectar la estructura del rito. Dependiendo de la naturaleza de su necesidad, usted puede suplicar asistencia o pedir reverentemente ayuda. Si está estableciendo una nueva relación con la deidad, puede hacer énfasis de ese hecho en el rito. Los rituales de sueños pueden incluso estructurarse de tal manera que sean llamadas dos deidades simultáneamente.

Este capítulo presenta un sistema de creación de rituales de sueños. Se discute cada uno de los pasos, seguido por dos rituales de muestra.

Crear rituales de sueños no es difícil. Libérese de las dudas concernientes a su creatividad. Escriba algo que lo motivará. Si lo prefiere, utilice el ritual más corto (al final de este capítulo) para contactar su deidad personal a través de sus sueños.

La estructura de los rituales de sueños

1. Componer la pregunta.

2. Componer la oración.

3. Purificar el ser.

4. Vestirse con prendas y joyas especiales, o sin nada.

5. Crear el altar (si es necesario).

6. Purificar la alcoba.

7. Ofrendas.

8. Invocación.

9. La cama.

10. Asumir una postura ritual para dormir (si se desea).

11. Dormir.

12. Soñar.

Componer la pregunta

Siempre es mejor hacerle una pregunta específica a su mensajero. Interrogantes tales como "¿Qué va a pasar el próximo año?", son mucho más difíciles de responder que las preguntas específicas como, "¿qué puedo hacer para encontrar el amor?" o "¿Debería dejar mi trabajo?". Así, decida cuál es su mayor necesidad y enfoque su pregunta para asegurar una respuesta directa.

Escriba su pregunta en un pedazo de papel. Escríbala varias veces, clarificando dudas y haciéndola más precisa. Cuando esté satisfecho con su pregunta, incorpórela en su oración, como sigue.

Componer la oración

Esta oración es, entre otros aspectos de los rituales de sueños, la llave que abre la puerta hacia la comunicación divina. Por lo tanto, debería ser muy personal.

Aunque usted es libre de escribir de acuerdo a su propio punto de vista, aquí se presentan algunas guías en el orden que podrían aparecer en la oración:

1. Mencionar la deidad por el nombre. (La primera palabra de la oración puede ser el nombre).

2. Mencionar el título y el principal atributo de la divinidad (especialmente si están ligados a su petición: "ama de la curación", "dador de vida", "dueño de la sabiduría", y así sucesivamente).

3. Nombrarse usted mismo como adorador de la divinidad.

4. Alabar a la deidad. (Glorificar su poder).

5. Nombrar algunos de los símbolos y atributos de las deidades. (La Luna, animales, herramientas, etc. Ver el apéndice 1).

6. Alabar la deidad.

7. Decir algo para el efecto de "escucha mi oración."

8. Pedirle a la divinidad que se le aparezca en su sueño (o lo afecte) esa noche. Existen muchos métodos románticos para realizar esto: "llega a mí esta noche" o "viaja por el camino de los sueños y revélate", son dos ejemplos.

9. Alabar la deidad.

10. Pedirle de nuevo a la deidad que se aparezca en su sueño.

11. Alabar la deidad.

12. Hacer su pregunta del sueño.

13. Alabar la deidad.

14. Agradecerle a la divinidad por su asistencia. Algunos fragmentos representativos de oraciones de sueños incluyen lo siguiente:

Diosa de la luna, regidora de la noche. . . .
Revélateme y déjame ver
* un sueño favorable.*
Guardiana de todos los secretos, divina poseedora
de la sabiduría...
Preséntame la información
* que requiero.*
Que el verdadero profeta
salga del sepulcro sagrado.
Sal de la noche
y entra en ésta, mi noche.

Cuando haya finalizado de componer su oración, escriba una copia en limpio de ella, sin cambios ni correcciones.

Su oración puede tener forma poética, pero la estructura rígida de este género literario realmente puede inhibir el poder de la oración, porque deberá utilizar palabras que mantengan la rima del poema, en lugar de las que son más apropiadas.

Tal vez piense que el método presentado también es estructurado. Si es así, escriba de acuerdo a sus sentimientos, pero asegúrese de mencionar lo siguiente en su oración: el nombre de la deidad, su petición (pregunta), y sus agradecimientos por la asistencia de la divinidad.

No necesita escribir una nueva oración cada vez que practique el sueño sagrado (si siempre llama la misma deidad). Simplemente coloque su pregunta nueva dentro de la oración.

Purificación del ser

Los suplicantes que visitaban la mayoría de los templos de sueños, quienes ya estaban libres de comidas pesadas, alcohol y actividad sexual reciente, tenían que llevar a cabo purificaciones más profundas. Esto a menudo se trataba de un baño con agua fría, agua salada, o hasta ser llevado al mar. De hecho, muchos templos de oráculo romanos estaban situados específicamente al lado de manantiales y otras fuentes de agua para este propósito.

Antes de su ritual tome un baño de agua tibia adicionando un puñado de sal marina. Evite leer o hacer cualquier cosa mientras está en la bañera, excepto concentrarse en su mensajero. (Si no tiene bañera, péguese un duchazo y frote ligeramente su cuerpo con sal gema. Enjuáguese). No es necesario lavarse el cabello.

Joyas y prendas

Antes del ritual, puede ponerse prendas o joyas especiales asociadas con su deidad. Los adoradores de Isis usaban prendas blancas de lino durante el sueño sagrado; en realidad, generalmente se creía que el color blanco mejoraba la producción de sueños. Es obvio el simbolismo de la pureza en este color. También podría dormir desnudo, si éste es su "vestido" normal, y la desnudez parece ser muy apropiada para las deidades que usualmente aparecen así.

Si tiene una pieza de joyería específica que simbolice a su mensajero (un anillo o pendiente), y no la luce continuamente, es muy apropiado ponerse dicho símbolo divino en el ritual.

Crear el altar (si es necesario)

Los antiguos templos de sueños contenían altares, estatuas de la deidad, mesas de ofrecimientos y otros muebles sagrados. Usted puede usar un altar para la adoración de su deidad (o deidades). Si no tiene un altar permanente, lo mejor es que dirija su oración a una imagen que represente la deidad. Esta imagen puede ser una estatua, un dibujo, una pintura, o algún otro símbolo (una concha, un cono de pino, una piedra) ligado con su divinidad. Se puede hasta utilizar una ilustración de un libro. Si usted es artísticamente creativo, haga su propio diseño de la imagen.

Un altar de sueños sencillo puede ser creado colocando la imagen de la deidad sobre una mesa pequeña. Frente a ella, coloque un tazón para recibir las ofrendas. El altar puede rodearse con velas azules (para representar el acto de dormir y los sueños) en candelabros (las velas deberían ser apagadas al cerrar el ritual, antes de dormir). Otros objetos de adoración personal (sistro, campanas) también pueden encontrar un lugar en su altar. Se puede situar un incensario frente a la imagen, detrás del tazón de ofrendas. La mejor ubicación para su altar de sueños es en la misma alcoba, aunque se puede crear en otra habitación si se goza de privacidad.

Aquí no adoramos imágenes de dioses, sólo las vemos como sus símbolos. Aunque sólo pueden representar la forma exterior de las deidades, ir ante ellas con intención ritual puede crear cambios internos poderosos dentro de nuestro ser. Ver estas imágenes despierta nuestros seres espirituales y nos prepara para el sueño sagrado.

Purificación de la alcoba

En Egipto, y en otras partes, los templos de sueños eran purificados con incienso. Se quemaban cortezas fragantes, hierbas y resinas en carbón para purificar el templo, invocar la deidad y preparar ritualmente a los soñadores. En Egipto, el olíbano y la mirra eran usados más comúnmente, como lo fue el kyphi, un incienso descrito como "placentero en las cosas de la noche".

El olíbano es considerado una herramienta de purificación porque adormece la mente consciente, promueve la respiración profunda y relaja generalmente a quienes huelen su rica fragancia.

Puede preparar su cámara de sueños para rituales quemando una pequeña cantidad de incienso justo antes de dormirse. Sin embargo, demasiado incienso podría interferir el sueño.

Ofrendas

Es tradicional hacer una ofrenda durante los rituales de sueños. Lo ideal es algo consumible: pan de trigo, frutas, flores frescas, miel, y hasta dinero (el cual es donado más tarde para caridad, o a la causa de su elección). Coloque la ofrenda en el tazón (o, en el caso de las flores, en una vasija) con reverencia, mientras dice las palabras apropiadas. (Vea el primer ritual de sueños que está más adelante).

Invocación

Encienda las velas y el incienso (si se usan). Diga su oración de sueños. La invocación es el aspecto más importante de los rituales, pues abre los canales de comunicación entre los humanos y la divinidad. Aunque es mejor memorizar la oración, puede ser leída las primeras noches que la utilice. Pronuncie la oración con emoción y con fuerza vocal. Si es necesario, susurre, pero relacione las palabras con sus necesidades.

La cama

Las fundas y sábanas deberían estar recién lavadas. Acuéstese y relájese. Si es necesario, recuente los eventos del día hasta que esté soñoliento. Una vez más pida un sueño divino justo antes de quedarse dormido.

Asumir una postura ritual para dormir

Algunos escritores antiguos, al describir los templos de incubación de sueños, hacían algunas referencias a las "posturas especializadas para dormir" que aparentemente eran utilizadas por quienes llevaban a cabo el sueño sagrado.

Muchas investigaciones no han podido descubrir las instrucciones que tienen que ver con este aspecto algo inusual del sueño sagrado. La única pista que he encontrado está contenida en el hechizo egipcio de Bes (capítulo 2), en el cual se envuelve una tela negra alrededor de una mano y, estando ya en la cama, es envuelta la otra punta alrededor del cuello. Ciertamente, esto crearía una postura inusual, dependiendo de la longitud de tela que queda entre la mano y el cuello.

El razonamiento para las posturas de dormir parece claro: como el ayuno, las dietas especiales, y los cocimientos de hierbas que se le daban a los suplicantes para asegurar un sueño divino, asumir una postura específica antes de dormir imprimía en la mente la característica de unicidad de esta forma de dormir. Aun durmiendo, el suplicante estaría llevando a cabo un ritual.

El cambio es el aspecto más importante de las posturas durante el sueño sagrado. La manera en la cual usted descansa en la cama por la noche, no debería ser su posición normal. Si usualmente se acuesta boca abajo, hágalo de lado. Si cruza las manos sobre el pecho, evite hacer eso. (De hecho, las manos cruzadas parecen indicar poca disposición para recibir información de los sueños).

Este cambio no debería impedirle quedarse dormido. Probablemente se despertará en su vieja postura; esto no es causa de alarma. Si simplemente no puede dormir en posturas inusuales, no se preocupe: eso no afectará su sueño sagrado.

He encontrado que una postura ideal es acostarme boca arriba con los brazos extendidos sobre mi cabeza (no cruzados detrás de ella). Obviamente, esto puede ser difícil en una cama corta, pero es lo que mejor trabaja para mí. Esta postura sagrada (que es completamente diferente a mi posición normal para dormir) representa mi disposición de recibir mensajes en sueños. También es una postura de súplica: estoy extendiendo mis brazos hacia la deidad. Usted también podría ensayarla, o crear sus propias y únicas formas.

Dormir

Permítase quedar dormido de una manera natural, con la certeza que su oración será escuchada. Y finalmente, sueñe.

Capítulo 12

Sueño

Un ritual de sueños sugerido

Báñese con agua salada. Séquese y vístase con las prendas apropiadas. Haga su altar (si es necesario). Vaya ante él con su ofrenda. Encienda las velas y el incienso (si se utilizan). Coloque su ofrenda en el tazón mientras dice:

> *Isis* (inserte aquí el nombre de su mensajero)
> *Diosa de la magia (*inserte un atributo aquí)
> *Creadora de los sueños divinos* (o creador)
> *Acepta ésta, mi ofrenda.*

Dirija su atención a la imagen de la divinidad. Cierre los ojos. Respire profundamente. Eleve sus manos ante la imagen en señal de súplica. Abra los ojos y empiece la oración (insertando los términos apropiados donde se indica):

> *Isis de la Luna* (el nombre de su deidad),
> *Divina amante de Osiris* (aspecto),
> *Protectora de los débiles* (atributo),
> *Entronizada del sistro sagrado*
>   (símbolo),
> *¡Escucha la oración de tu adorador!*
>   (petición general),
> *Dama del loto fragante* (símbolo),
> *Reina de Egipto* (aspecto),
> *Ante quien las estrellas se inclinan en pleitesía*
>   (alabanza),
> *Tu que te elevas como Sirio* (símbolo),

Quien desbordas el Nilo (atributo),
Isis . . . (el nombre de su deidad),
Ama de todas las magias (atributo),
La que trae el amor (atributo),
¡Escucha la oración de tu adorador!
    (petición general),
Párate a mi lado esta noche
    (petición general),
¡Aparécete en mis sueños, gran consejera!
    (petición general),
Ven hacia tu adorador en la noche
    (petición general),
Trayendo un sueño verdadero, un sueño divino
    (petición general),
Ven a mi, ¡reina de las estrellas! (atributo),
Responde mi oración (petición general).

Aquí, haga su pregunta: "¿Debería mudarme?". "¿Qué puedo hacer para mejorar mi espiritualidad?". "¿Este trabajo es recomendable?". Y así sucesivamente.

Gran diosa de la luna
    _____ *(símbolo),*
¡Envíame un sueño! (petición general),
¡Todas las alabanzas para ti! (petición general).

Párese por unos minutos ante la imagen de la deidad. Baje sus brazos, apague las velas y el incienso, y váyase a la cama. Asuma una postura ritual para dormir, duérmase y sueñe.

En momentos de gran estrés, o cuando las circunstancias simplemente no le permiten llevar a cabo un ritual de sueño completo, puede ser útil una forma abreviada. Purifíquese. Vaya a la cama. Susurre una oración corta, algo así como esto:

> *Isis* (el nombre de su deidad),
> *Escucha la oración de tu adorador.*
> *Revélateme en un sueño.*
> *Envíame un sueño en la noche.*
> *Responde mi oración:*

Haga aquí su pregunta:

> *Todas las alabanzas para ti,*
> *¡Gran Isis!* (nombre de su deidad).

Los rituales cortos pueden ser necesarios cuando se comparte la alcoba (o la cama), durante un viaje lejos de casa, y bajo otras circunstancias.

Los rituales son parte importante del sueño sagrado. Haga su rito con reverencia, poder y compromiso emocional, y posiblemente tendrá éxito.

III

EL ALBA

RECORDAR
Y REGISTRAR
LOS SUEÑOS

Los rayos de luz dorada imponen su presencia en el mundo de los azules, púrpuras y plateados. La mente consciente se despliega desde su descanso. El cuerpo, liberado una vez más de los efectos encarceladores al estar dormido, se flexiona y se mueve. Los ojos parpadean, luego se abren. Un bostezo, un estiramiento. Ha terminado el tiempo de soñar.

Despertarse es el momento de mayor importancia para quienes trabajan con los sueños. Durante estos segundos fugaces, nuestra mente psíquica le transfiere a la mente consciente un recuerdo comprensible de los sueños de la noche anterior. Cada momento que transcurre después de despertarnos, le permite a la mente consciente distorsionar el sueño. De hecho, en sólo quince minutos, podemos experimentar dificultad en recordar detalles del sueño.

Por lo tanto, es necesario que registremos todos los sueños inmediatamente después de despertarnos. Registrar los detalles del sueño sagrado es aun más importante, porque las palabras de las deidades no deberían olvidarse ni siquiera ligeramente. Si hemos dedicado la noche anterior a la purificación y el ritual, ciertamente podemos utilizar los primeros momentos del nuevo día registrando los resultados de nuestros preparativos.

Diario de los sueños

El medio más eficiente de registrar los sueños es la utilización de un diario. Mantenga el diario y un lapicero sobre una mesa al lado de su cama.

Al despertarse, no se levante de la cama. Permanezca acostado por un momento y haga un recorrido mental a través de los sueños que tuvo. Luego comience a escribir. No piense en lo que está escribiendo; registre sus sueños.

En la parte superior de la página, escriba la fecha. Luego empiece a registrar su sueño. Si no puede recordar todo, registre lo que tenga en mente. Si hubo varios segmentos en el sueño, no necesita registrarlos en el orden apropiado. Simplemente escriba todo lo que pueda recordar.

¿Qué debería registrar? Eventos, visiones de su mensajero, palabras de su mensajero, palabras dichas por otros (por quién y para quién), palabras que usted mismo haya dicho, personas conocidas y extrañas, colores, olores, sonidos, sabores, pensamientos, su estado emocional, símbolos (cosas, animales, números), la hora del día, la estación, y sensaciones físicas entre otras cosas. No se fije solamente en los aspectos visuales; registre todo lo que pueda recordar acerca del sueño, hasta los más mínimos detalles. Evite evaluar y escribir sólo los puntos que parecen importantes.

Después de haber registrado su sueño, léalo. Si ha olvidado algo, adiciónelo. Si repentinamente recuerda el orden correcto en el cual ocurrieron ciertos eventos, escriba de nuevo los puntos principales del sueño debajo del original, en el orden apropiado (no borre nada del original, ya que los primeros símbolos que usted ha recordado conscientemente pueden contener el mayor significado).

Sueños bloqueados

A veces simplemente no podemos recordar nuestros sueños. Cuando esto pase, colóquele la fecha a la página y escriba "ningún recuerdo". Dedique unos minutos intentando determinar por qué no ha recordado nada.

Los sueños de cualquier clase pueden bloquearse por problemas emocionales, ciertas enfermedades, estrés, malas dietas y drogas prescritas. Adicionalmente, despertarse con un reloj de alarma también puede inducir un bloqueo del sueño desde su mente consciente.

La falta de recuerdos después del sueño sagrado merece examinación especial, porque éste debería producir experiencias recordables. ¿Su pregunta fue explícita? ¿Fue la pregunta correcta? ¿Le tiene miedo a la posible respuesta? (Esta fácilmente puede ser la causa principal). ¿Ha ignorado el consejo dado en anteriores sueños divinos? ¿Recientemente ha cuestionado la habilidad de su mensajero para brindar sabiduría? Responder estas preguntas puede conducirlo fácilmente a la razón de su falta de recuerdos luego de un sueño divino.

La misma mente consciente es la más probable responsable de que no haya recuerdos oníricos. Esa mitad de nuestra consciencia, que censura la información psíquica diariamente, también puede censurar los sueños que considera dañinos para nosotros. Puede decidir que el consejo de nuestro mensajero es muy avanzado, temeroso y revolucionario para que lo manejemos. El sueño sagrado es, idealmente, un proceso cooperativo entre las mentes psíquica y consciente. Desafortunadamente, esta última fácilmente tiene la mayor influencia durante esos pocos segundos cuando nos despertamos.

Si cree que esto está ocurriendo, diga las siguientes palabras cada noche, después de su ritual, mientras se acuesta:

Recordaré mis sueños positivos y
negativos. No le tengo miedo a mis sueños.
Nada puede impedirme recordarlos.
Estoy preparado para la verdad.

(Diga esto sólo si está verdaderamente preparado para la verdad). Lo anterior debería probar ser efectivo después de unas noches.

Los mensajes divinos perdidos en los sueños olvidados, recibidos durante el sueño sagrado, pueden ser recuperados haciendo la misma pregunta la noche siguiente. Las deidades siempre han estado dispuestas a hablar sobre el mismo tema por lo menos en dos ocasiones.

Recordar los sueños

Se han descubierto algunas técnicas específicas para mejorar la habilidad de recordar nuestros sueños. La más fácil de éstas es dedicar una gran cantidad de tiempo para pensar en ellos. Lea libros. Mire su diario de sueños cada noche. Hable con los demás acerca de sus sueños, y escuche sus experiencias nocturnas. Trabaje en su libro personal de sueños (ver el capítulo 14). Dese cuenta que pueden ocurrir muchos sueños cada noche, ya sea que los recordemos o no. Familiarice a su mente consciente con el mundo onírico. Enséñele que el reino de los sueños es tan importante como el mundo.

La teoría que apoya estas técnicas es que la mente consciente, inundada con tanta información onírica, finalmente aplacará sus censuras. Entre más familiarizada esté la mente consciente con los sueños y sus símbolos (el lenguaje de los sueños), más dispuesta estará a dejarnos recordarlos.

La mayoría de nosotros ha conocido gente que afirma que nunca sueña. Esto aparentemente no es verdad, porque los sueños son una parte natural de la experiencia humana. Estas personas se han vuelto expertas en bloquear todos los sueños, y se han convencido de que no los tienen. Si usted es una de ellas, motive a su mente consciente a aceptar los sueños.

Escribir nuestros sueños divinos no es más que registrar las palabras de los seres divinos que guían nuestras vidas. Por lo tanto, es una tarea espiritual importante para quienes se involucren con el sueño sagrado.

Capítulo 14

INTERPRETACIÓN
DE LOS SUEÑOS

Como hemos visto, la interpretación de las experiencias oníricas es un arte intensamente personal. Es el siguiente paso vital del sueño sagrado; es identificar los sueños significativos. Este y el siguiente capítulo proporcionan orientación en la determinación de los mensajes de sus sueños. Al principio el trabajo puede parecer desalentador. Sin embargo, pronto descubrirá que es una parte muy valiosa de su vida.

Tipos de sueños

En el primer capítulo se examinó varios tipos de sueños. A continuación resumiré esa información y daré indicaciones para determinar la naturaleza de los sueños.

Sueños naturales

Estos son sueños fantasiosos, sueños de deseos por realizar, o recuentos de situaciones diarias; escenas de las películas o programas de televisión vistos recientemente; partes de libros y artículos leídos; recientes eventos positivos o negativos que retornan a usted. Tales sueños rara vez necesitan ser analizados. Sin embargo, deberían registrarse en el diario de los sueños.

Todos los sueños (incluso los sueños sagrados) no traen un mensaje profundo. Algunas veces nuestras deidades no responden inmediatamente, y los sueños naturales pueden ocurrir en la misma noche como sueños divinos. En algunos sueños la mente expande las actividades del estado de vigilia durante la noche. Los sueños naturales pueden identificarse por los eventos que ocurren en ellos.

Sueños de proyección astral

Muchas culturas antiguas aceptaban el concepto que, mientras la persona dormía, el alma se escapaba del cuerpo y viajaba a través del tiempo y el espacio. Este fenómeno se conoce en el ocultismo occidental como proyección astral o "viaje del alma".

Los sueños basados en recuerdos de proyección astral pueden incluir visitas a planos alternos de existencia, volar, visualizar templos antiguos, y escenas no terrenales. Son de naturaleza fantástica e inusual, y no están relacionados con nuestra vida diaria.

Estos recuerdos (en forma de sueños) son muy comunes en la infancia. La mayoría de los adultos pierden esta habilidad a medida que maduran, aunque algunos continúan recordando conscientemente la proyección astral.

Para determinar si el sueño es una remembranza de un viaje astral, analice su contenido emocional, los símbolos, la localización, y otros factores. Tenga en cuenta que el campo astral a menudo es llamado "plano de ilusión", y tales sueños no siempre pueden considerarse como significativos.

Sueños telepáticos

Los mensajes de otras personas, recibidos en los sueños, deberían ser muy claros y no requerir interpretación. Sin embargo, usted puede llamar a la persona la mañana siguiente y preguntarle, "¿qué pasa?".

Sueños proféticos

Los sueños proféticos son enviados por nuestras deidades personales. Contienen mensajes concernientes a nuestro futuro inmediato, efectivamente son sueños divinos.

Sueños psíquicos

Los sueños psíquicos difieren de los sueños proféticos en que la fuente de información es nuestra mente subconsciente. Se relacionan con posibles eventos futuros ya sea en una forma simbólica o lúcidamente clara. Mientras se está durmiendo, esta información se coloca fácilmente en forma de un sueño.

La mayoría de sueños de este tipo tienden a ser negativos, pero también hay positivos. Algunos sueños de deseos realizados pueden entenderse como sueños psíquicos. Después que haya identificado correctamente muchos sueños psíquicos (los cuales pueden comprobarse en el futuro), reconocerá su naturaleza. Tales sueños deberían analizarse cuidadosamente para descubrir sus mensajes subyacentes.

Sueños divinos

Estos son sólo eso: enviados por mensajeros para un propósito específico. Pueden aparecer sin anunciarse, o durante el sueño sagrado. Pueden incluir advertencias, consejos, mensajes de alivio o respuestas a preguntas específicas. Para determinar si un sueño es de inspiración divina, ver el capítulo 15.

Sueños en serie

Todos los hemos tenido. La mayoría de "sueños" realmente consisten en una serie de episodios. Cualquier combinación de los anteriores sueños puede experimentarse consecutivamente en una sola noche. Así, usted puede tener en la misma noche un sueño de deseos realizados, uno psíquico, y uno que contenga el mensaje de una deidad.

Los sueños separados que ocurren en una noche pueden o no estar ligados. Considere los sueños en serie, individual y colectivamente.

Interpretación personal del sueño

De los anteriores tipos de sueños, sólo necesitan analizarse los proféticos, los psíquicos, y los divinos; sin embargo, la siguiente información puede emplearse para todos los tipos de sueños. Este es mi plan personal de interpretación:

1. Empiece tan pronto recuerde su sueño.

2. Determine el tipo de sueño.

3. Haga una lista de los símbolos de los sueños.

4. Consulte su libro personal de los sueños.

5. Descifre el mensaje del sueño.

Empiece tan pronto recuerde el sueño

No retrace la interpretación de su sueño. Analizar el mensaje mientras el sueño todavía está fresco en su mente, bien puede proporcionar un discernimiento adicional.

Determine el tipo de sueño

Basado en esto, determine si el sueño debería interpretarse. Algunos sueños no tienen necesidad de interpretación. Ellos son lo que los hawaianos denominan "claros" o "directos". Sólo los sueños simbólicamente complejos requieren de interpretación.

Haga una lista de los símbolos de los sueños

Estudie cada aspecto del sueño para revelar sus símbolos y su naturaleza interior. Haga una lista de los símbolos importantes, en un papel aparte de su diario de sueños, en el orden en el cual fueron recibidos. Incluya las acciones, palabras, incidentes y personas en el sueño, pero también incluya lo siguiente:

Tono emocional: ¿El sueño fue alegre, pacífico, atemorizante, contemplativo, excitante, reconfortante, refrescante, estresante, espiritual, secreto? Determinar el tono emocional del sueño (si fue positivo o negativo, independientemente de las actividades que ocurrieron dentro de él) puede tener una gran importancia en su interpretación.

Localización: ¿En una casa, un templo, una pradera, el desierto, el mar; al lado de un río, manantial o pozo; en una caverna o un espacio público? ¿El lugar le era conocido, desconocido, doméstico, extranjero? ¿Ha visitado ese lugar al estar despierto, o sólo en sueños? ¿No parecía haber una locación? (Si es así, puede ser importante cualquier símbolo que haya aparecido). El lugar puede o no tener un efecto en la interpretación del sueño. Los mensajes simbólicos más profundos se han recibido en los lugares menos probables (en los sueños).

Hora del día y fenómeno celestial: ¿Era el amanecer, por la mañana, en el día, el atardecer, la noche? ¿La luna era visible? Si es así, ¿Qué fase era? ¿Hubo un eclipse? Si fue así, ¿fue solar o lunar? ¿Vio algún arco iris? ¿Bolas de fuego?

Fuerzas elementales: ¿Había lluvia, tormenta, sol, nubes, nieve, neblina, hielo, viento? ¿El rocío cubría las plantas? ¿Había relámpagos en el cielo ¿Escuchó truenos? ¿Estaba húmedo, seco, seco, frío, caliente? ¿Hubo terremotos, huracanes, tifones?

Su estado personal: Esto también debería tenerse en cuenta. Su salud, emociones, y finanzas, bien pueden afectar dramáticamente la interpretación de los sueños.

Otros símbolos: Registre todos los símbolos en el sueño: palabras, acciones, actividades, árboles, plantas, flores, animales, pájaros, comidas, agua, sangre, líquidos, fuego (destructivo o caluroso), números, círculos, figuras geométricas, piedras, colores, montañas, cavernas, torres, seres con alas, etc. (ver el apéndice 1). También deben registrarse los movimientos deliberados de izquierda a derecha y al contrario (por parte suya, de animales, o de otros). En esencia, todo lo que se vea o escuche, o lo que ocurra durante un sueño, es un símbolo onírico.

Consulte su libro personal de sueños

Como se trató en el capítulo 8, la mayoría de libros de sueños publicados son poco útiles. Sin embargo, un catálogo de interpretación de sueños sería de enorme valor cuando se esté empezando a descifrar los mensajes de la noche. Idealmente, éste sería una colección de símbolos relacionados con la religión, prácticas espirituales, profesión, hábitos, experiencias pasadas, y así sucesivamente. Ya que le damos significados altamente individuales a estos símbolos, deberíamos crear nuestro propio libro de sueños.

Creación de un libro de sueños

Este es un proceso simple. Compre un cuaderno al cual se le pueda reacomodar el orden de las hojas, y llénelo con cien páginas de papel. Para hacer su primera anotación, piense en un símbolo que aparezca frecuentemente en sus sueños. Registre este símbolo en la parte superior de la página, con letras grandes. Escriba rápidamente las primeras asociaciones que vienen a su mente mientras mira el símbolo. ¡No censure, escriba! (limite tales asociaciones a una o dos palabras). Utilice una página para cada tema, y manténgalas en orden alfabético. Adicione páginas con nuevos símbolos, a medida que tenga tiempo o disposición. Eventualmente, podrá descubrir que registrar símbolos de sueños y sus asociaciones es una aventura hacia el autodescubrimiento.

Sea explícito y conciso. No censure, no mienta, y no escriba lo que "piensa" que debería escribir. Si el mar representa un vientre para usted, regístrelo como tal. Si tiene una relación abusiva, no registre "amor", "felicidad" y "cuidado" bajo "matrimonio" (y termine con esa relación tan pronto como pueda). Si relaciona los hospitales con la muerte más que con la curación, la medicina, la limpieza y el descanso, escríbalo así.

Sólo unos pocos de los símbolos importantes que usted puede querer interpretar en su libro de sueños, incluyen aquellos listados anteriormente como "otros símbolos". Incluya también todos los símbolos relacionados directamente con su deidad personal (ver el capítulo 10 y el apéndice 1).

Al principio, la tarea de registrar cientos de símbolos y sus significados puede parecer desalentadora, pero es precisamente lo contrario. Escribir una palabra en la parte superior de la página y seguir con las primeras diez palabras (más o menos) que llegan a su mente con relación a ella, no debería emplear más de quince minutos. Dedicar un cuarto de hora cada día en este proyecto le permitirá crear rápidamente su libro de sueños; dentro de un año tendrá unas 300 páginas y pronto necesitará comprar otro cuaderno.

Podría experimentar cierta dificultad al determinar el significado de algunos símbolos mientras crea su libro de sueños. Puede que nunca haya pensado conscientemente en animales, colores y objetos, en una manera simbólica. Está bien. Si la información es necesaria, finalmente la recuperará de su mente subconsciente.

Su primera anotación puede parecerse a lo siguiente:

Azul
Océano, emociones, viaje, delfines, profundidad,
mente subconsciente, consciencia psíquica,
Afrodita, botes, purificación, sal.

Las primeras asociaciones que registre, estarán dentro de los símbolos de sueños más potentes. Las otras puede que no apunten al significado inherente de un sueño. Esto es verdad, porque cuando se registran las asociaciones simbólicas, la mente consciente pronto impone y reemplaza las asociaciones subconscientes por conscientes.

Si este ejercicio se continúa de una manera regular, compilará una gran colección de símbolos oníricos y sus significados potenciales. Este libro es el más valioso que pueda poseer. No es sólo un registro, es parte de usted, sacado de los niveles más profundos de su mente subconsciente y traído a la luz del día para ayudarlo en su vida.

Nuestros libros de sueños son registros íntimamente personales de nuestro lenguaje simbólico. Como tales, deberían tratarse con respeto, y ocultarlos de la vista de los demás, incluso de los seres queridos, a menos que quiera compartir cada aspecto de su ser.

Consulte su libro de sueños

Mire los símbolos oníricos en su libro de sueños. Estudie las asociaciones listadas ahí y determine si son significativas dentro del sueño. Consultar los libros personales oníricos no es simplemente observar un símbolo: todos los símbolos deben ser vistos dentro del más grande contexto del sueño.

Descifrar el mensaje global del sueño

Ahora tiene una gran riqueza de información. Es tiempo de unir las piezas, como en un rompecabezas, para obtener una visón más general del sueño. Aquí hay algunas claves.

Compare todos los símbolos: Quiero decir todos los símbolos, desde el más insignificante hasta el más sobresaliente. Compárelos. Busque conexiones (los principales sueños deberían contar una historia de cualquier clase). Estudie las asociaciones en su libro de sueños. Tenga en cuenta todo lo que se ha discutido anteriormente.

Confíe en su intuición: La intuición puede ser una invaluable aliada en la interpretación del sueño. Después de todo, nuestra mente subconsciente (psíquica) es la que origina nuestros sueños no divinos. Deberíamos escuchar si ella habla durante la interpretación. Puede dirigirnos hacia la última pieza del rompecabezas.

No deje bloquear el mensaje de un sueño: No interrumpa este proceso, trabaje con él. Considérelo como una aventura de descubrimiento. Haga el mejor papel de Sherlock Holmes y permita que el mensaje del sueño se haga claro. Si empieza a ver algo que lo atemoriza, cierre los ojos, respire profundamente por unos momentos, y luego siga adelante. Puede pensar que nunca descifrará un significado específico del sueño. Relájese y empiece de nuevo.

Escriba su interpretación: Esto lo puede hacer ya sea en su diario de sueño, directamente debajo del sueño, o en un libro aparte, llevado únicamente para este propósito. Haga esto tan explícito como sea posible.

Ejemplo de interpretación de sueños

Recientemente tuve un sueño que puede servir de ejemplo para este proceso interpretativo. A continuación está mi registro del sueño, hecho más o menos a las 6:30 A.M., el miércoles 18 de marzo de 1992:

Un día soleado y caluroso en una llanura hermosa. Me sentía muy bien. Estaba mirando un grupo de mujeres que creaba con furor algún tipo de estructuras grandes y semejantes a guirnaldas, con hierba seca, dorada y manejable. Hombres y mujeres caminaban a través de esas estructuras. El gran secreto era que supuestamente nadie sabría que habían sido construidas por mujeres, ni

*de qué material se habían hecho. Más tarde, vi a
esas mujeres creando objetos ovoides de formas
increíblemente finas, con ese mismo material, hi-
lando la "hierba" con gran rapidez entre sus
manos para formar varios objetos.*

Aquí está la lista de símbolos que compilé a partir de
este corto sueño:

Día
A las afueras en una llanura
Luz del sol
Calor
Emociones placenteras y reconfortantes
Círculo
Hierba
Hilar
Mujeres dominantes en la acción del sueño
Caminar
Secreto

Después de estudiar el sueño y sus aspectos sobresa-
lientes, inmediatamente fui consciente que era de gran
importancia. La siguiente interpretación es felizmente
subjetiva, pero he elegido utilizar la tercera persona para
presentarla aquí:

*Esta persona es muy creativa (hilar). Mucho de
su creación tiene que ver con la espiritualidad
(círculo, secreto). Aunque ese trabajo ha sido muy*

gratificante para esta persona (felicidad), pronto estará entrando en una nueva fase (caminando a través del círculo de hierba). El gran número de mujeres presentes en el sueño puede indicar varias cosas:

a. La creatividad de la persona emerge de la mente psíquica (tradicionalmente considerada como femenina).

b. La persona está involucrada en la adoración de una diosa y/o,

c. El sueño fue enviado por una diosa (hilar es un conocido símbolo de diosa).

La interpretación global de este sueño parece ser: "Tu pronto entrarás en un nuevo campo de consciencia o descubrirás un nuevo foco de expresión religiosa".

La interpretación de los sueños puede ser increíblemente simple (dependiendo de cuánto tiempo le dediquemos a esta práctica).

Interpretar sueños de otras personas es difícil y no es recomendable, a menos que se establezca un vínculo psíquico entre el soñador y el intérprete.

Con la experiencia llega la confianza. Analizar los sueños pronto será tan fácil como abrir los ojos en la mañana, y se preguntará por qué esperó tanto para empezar.

Capítulo 15

SUEÑOS DIVINOS

E en el capítulo 14, presenté un sistema para interpretar sueños importantes. Aplacé a propósito la discusión de la interpretación de sueños divinos para este capítulo, porque dichos sueños deben dirigirse de una manera más especial. Los sueños suministrados por nuestras deidades personales requieren de mayor atención.

¿Por qué los sueños divinos son oscuros?

Nuestras deidades personales pueden enviarnos sueños confusos por varias razones. Tal vez la más importante de estas razones es que somos más propensos a que reflexionemos acerca de un sueño oscuro, que a meditar sobre uno que requiere de poca interpretación. Este período de pensamiento consciente, puede imprimir la importancia del sueño sobre nosotros, motivándonos a actuar sobre su mensaje. Reconocemos que existen muchas formas de expresarnos, y algunas veces el enfoque indirecto es el más efectivo. Las deidades parecen preferir este enfoque.

La no familiaridad con los símbolos y atributos de los mensajeros, puede oscurecer un sueño que de otra manera sería claro. La divinidad no puede ser culpada por hablar en su propio lenguaje simbólico. Cuando somos conocedores de los atributos de nuestros mensajeros, tales sueños pierden mucho de su oscuridad.

Adicionalmente, tenga en cuenta que muchas deidades una vez fueron adoradas en grandes rituales misteriosos. La naturaleza de estos misterios (tales como los ritos eleusinos) todavía es desconocida, porque los votos de secreto le prohibían a los adoradores revelarlos a extraños. Sin embargo, sí sabemos que esos ritos se realizaban con acciones e invocaciones simbólicas. Muchos de éstos tenían lugar dentro de los recintos más sagrados de los templos. Si las deidades disfrutaron de tales ritos simbólicos en el pasado, ciertamente pueden continuar utilizando formas similares de comunicación con los adoradores. Esté preparado para la revelación de grandes misterios.

Reconocimiento de los sueños divinos

Revise lo siguiente cuando determine si un sueño fue de inspiración divina.

El mensajero aparece en su forma usual

El mensajero aparece en la forma que normalmente lo visualizamos. No pueden haber palabras. Tales sueños son obviamente divinos. Si una mujer se le aparece a una adoradora de Diana, vestida de blanco, parada sobre la Luna y lanzando flechas hacia las estrellas, no cabe duda que es la misma Diana, y ese es un sueño divino.

El mensajero aparece en forma simbólica

La adoradora de Diana mencionada antes puede tener un sueño que incluya, entre otros símbolos, un perro blanco, una flecha, un bosque y la luz de la Luna. Su presencia en el sueño puede no ser tan fácilmente determinada si estas claves se reconocen como símbolos divinos, de manera que tales sueños requieren de un estudio cuidadoso.

Note que es posible que los símbolos divinos no parezcan tener gran importancia dentro del contexto del sueño. Durante un sueño aparentemente ordinario usted puede recibir un pedazo de pan. Para un adorador de Deméter, éste será la única pista de su presencia.

Esté alerta con las formas modernas y antiguas de los símbolos divinos. Los carruajes pueden verse como carros; las tabletas de arcilla como libros y computadoras; volar en un avión puede estar relacionado con una deidad alada, y así sucesivamente.

El mensajero le habla directamente

La deidad puede decir, con voz humana, "no te desesperes, pronto serás amado". "Ya estás embarazada, pero no lo sabes". "Busca otro amor". "Mezcla miel y agua y tómatela dos veces al día". "La posición te dará gran riqueza". Estos sueños no requieren interpretación y son incuestionablemente de inspiración divina. Aunque son raros, efectivamente ocurren. Tal vez no pueda ver su deidad, pero escuchar esas palabras puede ser evidencia suficiente.

Aparece una deidad relacionada con su mensajero

Algunas deidades le enviarán a otra para que responda sus preguntas, o puede aparecer más de una deidad. Esto puede necesitar el conocimiento de las relaciones familiares de la deidad. La ausencia de su mensajero divino específico en un sueño, no indica que no fue de origen divino.

El sueño se recibió durante el rito sagrado

No todo lo que experimentamos durante el sueño sagrado es divino, pero al menos un segmento onírico es usualmente de origen divino. Los sueños recibidos durante el rito sagrado tienen una ventaja sobre los que ocurren en otros momentos.

El sueño se relaciona con su pregunta o petición

Esto puede ser difícil de responder hasta que no haya interpretado su mensaje. Sin embargo, su intuición puede hacerlo consciente que el sueño verdaderamente está relacionado con su pregunta. Si dos o más de estos factores son verdaderos, no puede haber duda de que usted ha experimentado un sueño divinamente inspirado.

Interpretación de los sueños divinos

Descifrar el significado de los sueños divinos es un proceso complejo. Nuestra mente consciente está predispuesta a desechar los sueños de gran importancia. Cualquier insinuación de que un sueño pudo haber sido enviado por nuestro mensajero, puede activar las sirenas y encender las luces rojas de nuestra conciencia despierta: "¡peligro! ¡Este sueño realmente significa algo! Es mejor bloquearlo o hacer que su mensaje sea difícil de leer".

Esta exageración ha sido necesaria para apuntar algo: la mente consciente puede tener dificultad para asimilar los sueños divinos. Podemos ser las personas más espirituales y religiosamente activas sobre la tierra, y aun nuestras mentes en estado de vigilia pueden tener las sombras de las dudas creadas por la sociedad.

Si experimenta este problema, puede resolverlo reeducando su mente consciente. Hágale saber que usted sabe lo que está haciendo. Mitigue sus dudas repitiendo afirmaciones específicas cada mañana antes de empezar a interpretar sus sueños:

> *Este sueño es importante para nosotros.*
> *Este sueño puede ayudarnos.*
> *No quiero interferencia.*

No debe sentirse tonto al hablar con su mente. Le ha hablado (y la ha entrenado) durante toda su vida. Repita esas afirmaciones y luego emprenda el trabajo de descifrar el mensaje del sueño.

1. ¿El tono general del sueño fue de advertencia; de peligro inminente; de paz; confort; excitación? (Esto puede determinar si el sueño fue positivo o negativo).

2. ¿Cuál es la forma básica del sueño? ¿Revelador, instructivo, educativo? (Esto puede determinar si el sueño fue profético o simplemente informativo).

3. ¿Cuál fue su estado emocional durante el sueño?

4. ¿Qué acciones de los sueños están directamente relacionadas con su mensajero? (Algunas partes pueden no ser relevantes, o podrían ser de menor importancia. Esto usualmente puede determinarse por el contexto en el cual tienen lugar).

5. ¿Le fue entregado algo por parte de su mensajero? Si es así, ¿cuál fue el objeto? (Estos símbolos representan conexiones poderosas con su deidad personal, y puede ser el corazón del mensaje del sueño).

6. ¿Le fue señalado específicamente un objeto? ¿Un dibujo, una pintura, un animal? Si es así, ¿Ganó algún entendimiento sobre el objeto? (Tales símbolos también pueden ser de gran importancia).

Una vez se han respondido estas preguntas, haga una lista de los símbolos más importantes del sueño (como se describió en el capítulo 14). No limite esto sólo a los símbolos que considera divinamente relacionados con su sueño; lístelos todos, en el orden de ocurrencia. Consulte su libro personal de sueños para un discernimiento de dichos símbolos. (Vea el capítulo 14).

Ahora, finalmente compare el contenido del sueño con su pregunta. Examine los símbolos. ¿Existen algunas conexiones obvias o sutiles entre su pregunta y el sueño? Si indagó sobre un trabajo, ¿aparecieron símbolos de empleo? Si es así, ¿se presentaron en un enfoque positivo o negativo?

Seguir estos pasos debería permitirle extraer el mensaje de un sueño divino. Si surgen dificultades, vénzalas con su intuición, y confíe en sí mismo.

Ejemplos

Recientemente tuve un sueño en el cual compré un libro que era de inmenso interés para mí. Ojeé las páginas y me estremecí con el tema, pero al hacer una inspección más detallada, me di cuenta que el libro contenía sólo un montón de información confusa e incoherente. También observé fijamente el precio, que estaba escrito a lápiz y decía "URI100RUR". Leí esto (en el sueño) como la etiqueta del precio del libro: US$100.

Durante la interpretación en la mañana siguiente, me di cuenta que era un sueño divino. Una diosa (probablemente Nisaba, la diosa Sumeria de la escritura y la sabiduría) me informaba que el libro que yo estaba desarrollando carecía de estructura y contenía mucha información. Las letras que vi en la portada del libro deletreaban la palabra Ur (una antigua ciudad estado de Sumeria). El alto precio del libro indicaba la gran importancia de este sueño, y el hecho de estar escrito a lápiz lo relacioné fácilmente con el punzón utilizado para la escritura cuneiforme en la antigua Sumeria.

Ese fue un sueño corto, pero dejó una gran impresión. También se encontraba intercalado entre otros sueños. Si no hubiera estado alerta a investigar los indicios, tal vez habría perdido el mensaje de la diosa (que fue muy útil y absolutamente correcto). En otro sueño reciente, apareció una puerta en mi desarreglado piso de la sala. Relacioné la puerta con llaves, y por lo tanto con Gea. (Gea es la antigua diosa de la tierra, hoy día asociada con la ecología. Su nombre se está utilizando de una manera creciente, para referirse a la tierra misma como un ser viviente y sensible). Me di cuenta que este sueño fue una insinuación de Gea para que limpiara mi casa. Este ejemplo debería servir para indicar que hasta los sueños divinos no siempre tienen que ver con predicciones asombrosas o grandes problemas; también pueden ser gentiles recordatorios.

Desafíos

Sueños que no se relacinan con su pregunta

Tal vez haya mañanas en las que no puede encontrar ninguna o muy poca conexión entre el sueño y su pregunta. Si tiene la certeza que el sueño es de naturaleza divina, considere la posibilidad de haber recibido un mensaje concerniente a un asunto más apremiante. Tales sueños usualmente son muy significativos. Nuestras deidades personales pueden enviarnos otros sueños diferentes a los que hemos pedido, si efectivamente son de gran importancia. Repita su pregunta otra noche.

Duda

Si está inseguro de haber descifrado exitosamente su sueño divino, repita la pregunta otra noche y explique que ha tenido problemas entendiendo el mensaje. Puede presentársele un sueño nuevo y claro.

Usar los sueños divinos

En el capítulo 9 mencioné brevemente la importancia de utilizar de una manera real la información recibida durante el sueño sagrado. Pedirle consejo a un ser divino es muy diferente a pedírselo a un amigo. Este último puede transmitir sus sentimientos, recitar el conocimiento acerca del tema, o relatar experiencias pasadas. Sin embargo, la diosa (o el dios) es quien posee toda la sabiduría. Es probable que sea muy fructífero seguir completamente su consejo. Seguirlo a medias, puede no ser tan provechoso. No se logrará nada si se ignora u olvida, o si afirmamos estar muy ocupados para comprender su mensaje.

Usted puede recibir el mismo sueño divino varias veces por diversas razones:

+ El sueño no fue reconocido como divino.

+ El soñador fue despertado antes que el sueño terminara.

+ El sueño fue olvidado antes de ser registrado.

+ El soñador hizo un registro inexacto (o incompleto).

✦ El soñador interpretó de una manera errónea el sueño.

✦ El soñador no actuó con respecto al mensaje.

El pedir un sueño nos da la responsabilidad de utilizar su consejo. Podemos tener muchas excusas para no hacerlo: temor al cambio, duda, o una agenda muy ocupada. Tales razones pueden desde luego parecer muy convincentes. Si no sabe qué hacer, si duda de la sabiduría de sus posibles acciones futuras, o le teme mucho al cambio, pida otro mensaje divino durante el sueño sagrado. Esto puede aliviar sus preocupaciones y definir de una mejor manera el curso de sus acciones.

Reconocer los sueños divinos, extraer sus mensajes, y actuar con respecto a su consejo, son los aspectos integrales del sueño sagrado.

Capítulo 16

SUEÑO
SAGRADO

Estoy seguro que algunos de ustedes, habiendo leído esto, han recordado sueños en los cuales su deidad personal ha aparecido de una manera espontánea. También sé que algunos pensarán que estoy loco. Esto es entendible, ya que el reino de los sueños opera dentro de una realidad variante que sólo aparece cuando dormimos. El fenómeno de soñar no puede verse dentro del marco de la consciencia en el estado de vigilia.

La realidad del sueño es un estado entre nuestro mundo y las estrellas, entre el cielo y la tierra, entre la experiencia humana y los dioses. Dentro de este espacio ilimitado se puede adquirir consejo divino, mensajes proféticos y bienestar, a través de la comunicación directa sin la interferencia de nuestra realidad cuando estamos despiertos.

Los sueños no perderán pronto sus cualidades misteriosas. Los investigadores nunca descubrirán los secretos de los sueños, solamente estudiando el cuerpo y el cerebro, porque muchos provienen de aspectos de nosotros mismos que no poseen dimensiones físicamente medibles, mientras otros emergen de fuentes superiores.

Las visiones que vienen a nosotros en la noche pueden tener un enorme impacto en nuestras vidas en el estado de vigilia. Efectivamente: el conocimiento adquirido durante el sueño sagrado es algo que se debe utilizar. Se nos presenta con el propósito de mejorar nuestra vida. Aunque no necesitamos basar nuestra existencia diaria exclusivamente en los sueños divinos, ciertamente podemos emplear esta sabiduría, y sería poco inteligente dejar de hacerlo.

Nuestra vida agitada nos deja muy poco tiempo para dedicarnos a las actividades espirituales. Tal vez permitimos que las cargas colocadas sobre nosotros durante nuestras horas de vigilia, tengan prioridad sobre nuestros objetivos más importantes del desarrollo espiritual. En ese sentido, podemos perder contacto con nuestras deidades.

Sin embargo, el sueño sagrado requiere algo más que un baño, un corto ritual y dormir. Utilizar los períodos nocturnos de descanso para contactar nuestros dioses y diosas es un método antiguo de mejorar nuestra vida espiritual.

Una vez se embarque en este viaje, podrá pronto descubrir que los preparativos y los rituales son innecesarios, y que su deidad (o deidades) aparecerá en sus sueños cuando sea necesario para ofrecerle consejo y consuelo. Cuando esto ocurra, puede estar seguro que el sueño sagrado se ha convertido en una parte importante de su vida, que su deidad lo ha escuchado, y continuará respondiendo en el futuro.

Nuestras divinidades son seres supremos independientes que poseen sabiduría, personalidad y grandes influencias. Es apenas justo que en tiempos de dificultad les pidamos que nos presten su poder y sabiduría.

Las deidades esperan nuestras llamadas. El dormir abre las puertas de sus templos y les permite aproximarse a nosotros...

Depositen sus cargas sobre nosotros,
nosotros que conocemos el pasado y el futuro,
que poseemos toda la sabiduría y el discernimiento,
que cuidamos de nuestros adoradores.
Nosotros les enviaremos visiones en la noche,
sueños divinos de entendimiento y compasión,
conocimiento y consejo.
Llámennos y nosotros apareceremos en sus sueños.
Dormir es el rito sagrado de nuestra adoración;
Los sueños son nuestra manera de hablar.
¡Llámennos a través de la vigilia estrellada!
¡Llámennos!
¡Llámennos!

SÍMBOLOS DE SUEÑOS SAGRADOS

Esta sección lista símbolos, fenómenos físicos y atributos que pueden aparecer en los sueños, y que pueden indicar la presencia de su mensajero (deidad correspondiente) en el sueño. Aquí no se dan "significados", sólo los símbolos y sus deidades representativas. Este apéndice se ha diseñado para hallar rápidamente las deidades asociadas con los símbolos específicos.

Apéndice 1

A

Abeja: Zeus. Deméter, Geshtinanna, Isis, Ninkasi..

Abril: Afrodita.

Acuario (constelación): Ea.

Agua (ver también Mar): Ea, Enki.

Águila: Zeus.

Álamo blanco: Zeus.

Alas: Amor, Artemisa, Eos, Eros, Hipnos, Inanna, Istar.

Amapola: Afrodita, Hipnos.

Animales (protección de): Artemisa.

Ankh: Isis.

Antarés (estrella): Isis.

Antílope: Set.

Antorcha: Amor, Dionisio, Hecate, Isis.

Arado: Ashnan.

Árboles (en general): Diana, Fauno, Hator, Pan.

Arco (ver Flecha): Amor, Artemisa, Diana, Eros, Inanna, Istar.

Arco iris: Iris.

Armadura: Atenea.

Asno: Hapi.

Asno: Vesta.

Azul: Nut.

B

Balanza: Anubis.

Barco: Dionisio, Ra.

Blanco: Júpiter.

Bosque: Diana, Pan.

Bote: Sin.

Brida: Atenea.

Buitre: Nekhebet.

C

Caballo: Poseidón.

Cabello: Artemisa.

Cabra: Juno, Pan.

Cacería: Artemisa, Diana, Inanna, Istar, Pan.

Caduceo: Esculapio, Asclepio.

Caja: Perséfone.

Calendario: Sin, Tot.

Caminos: Hermes.

Caña: Inanna, Ninurta.

Carreras de caballos: Poseidón.

Carruaje: Afrodita, Hera, Júpiter, Poseidón, Selene.

Casa: Hestia, Vesta.

Casco: Afrodita, Atenea, Minerva.

Caverna: Deméter.

Cebada: Deméter, Nisaba.

Cerda: Isis, Nut.

Cerdo: Deméter, Nut.

Cerveza: Deméter, Geshtinanna, Isis, Ninkasi.

Chacal: Anubis.

Chimenea: Hestia, Vesta.

Cinco: Minerva.

Cincuenta: Ningirsu.

Ciprés: Adad.

Cisne: Afrodita, Apolo, Zeus.

Cobre: Ea.

Cocodrilo: Set.

Comida (en general): Deméter.

Competencias: Afrodita, Eris, Hermes.

Cono de Pino: Baco, Deméter, Dionisio, Artemisa, Dumuzi, Flora, Ninhursag, Perséfone, Pomona, Espes, Uttu.

Cornucopia: Fortuna, Gea, Tiche.

Cruce: Hecate.
Cuarenta: Ea.
Cuchillo: Bes.
Cuerno: Hipnos.
Cuernos de vaca: Hator, Isis.
Cuervo: Apolo.

D
Datilera: Hator, Dumuzi.
Dátiles: Hator.
Delfín: Poseidón.
Diadema: Anu, Hera.
Dilgan (estrella): Ea.
Dragón: Marduk.

E
Enano: Bes.
Escorpión: Selket.
Escritura: Nebo, Nisaba, Tot.
Escudo: Afrodita, Atenea, Marte, Minerva.
Esfinge: Hamarkis.
Estrella: Istar.
Estrella (dieciséis puntas): Istar.
Estrella (ocho puntas): Istar.
Estrellas (todas): Anu, Enlil.

F
Falo: Dionisio, Min.
Flauta: Hermes, Pan.
Flecha: Amor, Afrodita, Artemisa, Eros.
Flores: Ceres, Flora.
Fruta: Ceres, Gea, Pomona.
Fuego: Hefesto, Hestia, Vesta.

Símbolos de sueños sagrados

G

Gallo: Atenea.

Ganso: Amun, Geb.

Garfio: Osiris.

Gato: Bast, Isis, Sekhmet.

Gavilán: Horus, Ra-Horakty.

Gimnasia: Hermes.

Globo: Gea, Tiche.

Golondrina: Afrodita.

Gorra blanca (ver también Sombrero): Júpiter.

Gorrión: Afrodita.

Granada (granado): Hera, Perséfone.

Granos: Ashnan, Ceres, Deméter, Flora, Hermes, Nisaba, Osiris, Perséfone, Shala, Espes.

Guerra: Inanna, Istar, Júpiter, Marte, Sekhmet.

Guijarro: Júpiter.

H

Hacha (ver también Zapapico): Adad.

Halcón: Ra, Ra-Harakty.

Hiedra: Baco, Dionisio.

Higuera: Dionisio.

Hilar: Afrodita, Isis, Minerva, Uttu.

Hombre desnudo: Apolo, Bes, Eros, Min.

Hoz: Marduk.

I

Ibis: Tot.

J

Jardín: Afrodita, Espes.

Júpiter (planeta): Marduk.

Justicia: Nanna, Shamash, Zeus.

L

Lanza: Marte.

Lanzadera (como herramienta de Isis): Isis.

Laurel: Apolo, Artemisa.

Leche: Gatumdug, Hator, Isis.

Lechuga: Min.

León: Artemisa, Bast, Inanna, Istar, Isis, Sekhmet, Shamash.

Liebre: Osiris.

Lira: Apolo, Hermes.

Llave: Gea, Hecate, Jano.

Lluvia: Adad, Júpiter, Zeus.

Lobo: Marte.

Loto (lirio de agua): Isis.

Luna: Artemisa, Diana, Hecate, Istar, Isis, Luna, Nanna, Sin.

Luna creciente: Diana, Sin.

M

Manzana: Afrodita, Eris, Hera, Pomona.

Mar: Afrodita, Poseidón.

Martillo: Hefesto, Vulcano.

Matrimonio: Ceres, Gea, Hera, Juno.

Mayal: Osiris.

Media Luna: Diana, Sin.

Milano: Isis.

Mirto: Afrodita.

Montaña: Adad, Enlil, Júpiter, Ninhursag.

Morueco: Amon, Ea, Hermes.

Mujer desnuda: Afrodita, Istar.

N

Nacimiento: Artemisa, Heket, Hera, Juno.

Navegar: Isis, Poseidón.

Negocio: Mercurio.

Nieve: Zeus.

O

Obelisco: Ra.

Océano: (ver Mar).

Ocho: Inanna, Istar.

Ojo: Horus.

Olivo: Atenea, Minerva.

P

Pájaro carpintero: Marte.

Pájaro cucú: Zeus.

Pala: Marduk, Nabu.

Palma: Tot.

Palmera (árbol): Hator.

Paloma: Afrodita, Istar.

Pan: Ceres, Deméter, Isis, Ninkasi.

Parra: Baco, Dionisio, Geshtinanna.

Pavo real: Hera, Juno.

Pedernal: Júpiter.

Perro: Asclepio, Anubis, Artemisa, Diana, Gula, Hecate, Inanna, Istar, Isis, Ninurta.

Pez: Afrodita.

Piedras: Hermes.

Piel de cabra: Bes.

Pilares: Hermes.

Pléyades: Enlil.

Plomo: Ninmah, Marduk.

Prendas de lino: Isis.

Primavera: Flora.

Puerta: Jano, Juno.

Punzón: Nabu, Nisaba.

Q

Quince: Istar.

R

Rana: Heket.

Rastrillo: Atenea.

Rayo: Adad, Júpiter, Zeus.

Relámpagos: Adad, Júpiter, Poseidon, Zeus.

Riquezas: Adad, Fortuna, Hermes, Isis, Mercurio.

Roble: Júpiter, Zeus.

Rocío: Zeus.

Rosa: Afrodita.

Roseta: Istar.

Rueda: Fortuna, Tiche.

S

Sandalias: Hermes.

Seis: Adad.

Serpiente: Esculapio, Asclepio, Atenea, Deméter, Hecate, Higía, Istar, Isis, Salo, Zeus.

Sesenta: Anu.

Sicomoro: Hator.

Sierra: Shamash.

Sistro: Bast, Hator, Isis.

Sol: Helios, Horus, Mitras, Osiris, Ra, Shamash, Utu.

Sombrero: Hermes.

Suerte: Fortuna, Herm.

T

Tabletas de arcilla: Marduk, Nabu.

Tamarisco: Anu.

Tazón: Higía, Salo.

Terremoto: Poseidón.

Tierra: Hestia, Vesta.

Timón: Fortuna, Isis, Tiche.

Tormentas: Adad, Júpiter, Poseidón, Zeus.

Toro: Adad, Anu, Apis, Marte, Serapis, Zeus.

Treinta: Sin.

Tridente: Poseidón.

Trigo: Ceres, Deméter, Isis.

Trono: Isis.

U

Ureo: Isis.

Uvas: Baco, Dionisio, Liber, Pan.

V

Vaca: Diana, Fauno, Hator, Hera, Latar, Nut.

Vapores: Gea.

Vegetales: Gea.

Veinte: Shamash.

Velo: Hera.

Venado: Artemisa.

Venus (planeta): Afrodita, Inanna, Istar.

Viaje: Isis, Poseidón.

Viento caliente: Sekhmet.

Viento: Enlil, Ishkur, Ninurta.

Vientre: Deméter, Hator, Nut.

Vino: Baco, Dionisio, Gesthinanna, Liber, Hator, Isis, Set.

Y

Yeso: Ninurta.

Yunque: Hefesto, Vulcano.

Z

Zapapico: Enlil.

Zapatos con alas: Hermes.

Apéndice 2

DEIDADES DE LOS SUEÑOS

Este apéndice lista en las páginas siguientes algunas de las divinidades que están asociadas específicamente con los sueños y el acto de dormir, aunque todas pueden aparecer en nuestros sueños.

Las deidades menos conocidas, y las no mencionadas en otra parte en este trabajo, están seguidas por cortas descripciones; la información concerniente a las demás se puede encontrar en el capítulo 10, o consultando el índice.

Apéndice 2

Adad.

Amfiaruas (dios griego de los oráculos de sueños y de la
   adivinación; él curaba mientras la persona estaba dormida,
   y fue adorado antes que Asclepio).

Artemisa.

Asclepio.

Atenea.

Bes.

Esculapio.

Fantaso (dios de los sueños, cuando aparecía en ellos)
   hijo de Somnos; hermano de Morfeo).

Fauna.

Fauno.

Geshtinanna (diosa mesopotámica de la interpretación
   de los sueños).

Hamarkis (una forma de Horus).

Hator (Hera).

Hermes (también proporcionaba un dormir refrescante).

Horus.

Hipnos (permitía el dormir).

Imhotep.

Isis.

Istar.

Marduk.

Morfeo (dios romano de los sueños).

Nanshe (diosa sumeria de la interpretación de los sueños;
   "madre intérprete de los sueños; "profetiza de las divinidades").

Ninsun.

Pan.

Ptah.

Deidades de los sueños

Serapis.

Set.

Seti I.

Shauskha (una diosa asociada con Istar).

Sin.

Shamash.

Somnos (dios romano del dormir).

Tot.

Trofonio (deidad griega de los sueños de oráculo).

Zakar (babilonio; el "emisario" del dios luna, Sin).

Zeus.

TÉCNICAS QUE INDUCEN A SUEÑOS NATURALES

Muchas personas tienen dificultades para dormir. El insomnio es muy común en todo el mundo. Las causas son diversas: falta de ciertos minerales; una dieta pobre; el uso excesivo (o nocturno) de cafeína, chocolate, y otros estimulantes; tensión muscular; problemas emocionales; temor; una cama incómoda; ruidos en la noche; mucha luz en la habitación; falta de ejercicio; y otros factores.

Se ha creado un gran número de drogas para tratar el problema del insomnio. Todas son peligrosas. Millones de personas son adictas a estas drogas, las cuales no deberían utilizarse por más de seis semanas.

Si usted tiene problemas para dormir en la noche, no acuda a drogas artificiales y peligrosas. Se han encontrado muchas otras técnicas para relajar el cuerpo y la mente, hasta el punto que se puede alcanzar un sueño natural y reconfortante. (Para insomnios serios y continuos, vea un especialista).

Este apéndice lista algunas hierbas y técnicas para estimular el sueño. (No intente el sueño sagrado mientras está bajo la influencia de drogas para dormir).

Oración

+ Récele a su mensajero para que usted pueda dormirse rápidamente y en forma duradera.

Baños

+ Si tiene dificultad en quedarse dormido (o en permanecer dormido durante la noche), siéntase libre de tomar su baño de purificación un poco más caliente justo antes de ir a la cama; el agua tibia relaja los músculos tensos; los baños calientes pueden ser vigorizantes (lo cual contrarresta el propósito de inducir el sueño), por lo tanto, mantenga el agua tibia; para una mayor relajación, adicione unas gotas de esencia genuina de lavándula al baño, una vez que se haya llenado la bañera.

✦ Ate una combinación de las siguientes hierbas en un paño o un cuadrado de muselina y adiciónelo al baño: manzanilla, salvia, pasionaria, toronjil, lavándula; (ver también Aromaterapia).

Dieta

✦ Coma lechuga antes de acostarse para inducir el sueño.

✦ Evite consumir alimentos vigorizantes tales como té negro y verde, café, jengibre, hinojo, cebolla, y pimienta, así como comidas picantes.

✦ Antes de dormir no deberían consumirse alimentos con mucha azúcar.

✦ Adicione unas pocas semillas de anís a la leche; cocine hasta que esté caliente; tómeselo directamente antes de ir a la cama.

✦ Coma pavo o pescado a la cena.

✦ Una cucharada de miel antes de dormir puede traer buenos resultados.

Tés de hierbas

✦ Vierta una taza de agua hirviente sobre una cucharada de hierba gatera seca; deje en infusión; beba antes de ir a la cama.

✦ Vierta una taza de agua hirviente sobre una cucharada de manzanilla seca; deje en infusión; beba antes de ir a la cama.

✦ Mezcle partes iguales de Tercianaria y Zapatilla de la dama; agregue una ramita de Valeriana; coloque una cucharadita de esta mezcla en una taza; vierta una taza de agua hirviendo en la mezcla; déjela remojar; cúbrala. Tápese la naríz y bébasela. Advertencia: Esta mezcla tiene un olor y sabor algo desagradable.

Almohadas

✦ Coloque unas pocas gotas de esencia de lavándula genuina sobre la funda de su almohada antes de dormir.

✦ Haga un pequeño cuadrado de muselina. Mezcle media taza de cada una de las siguientes hierbas: toronjil, lavándula, lúpulo; cosa la muselina colocando las hierbas dentro, colóquela debajo de su almohada (o al lado de su cabeza si no usa almohada), y permita que su fragancia lo arrulle suavemente para quedarse dormido.

✦ Trate de dormir sobre una almohada similar, llena con salvado, como era costumbre en la antigua China.

Aromaterapia

✦ Los aceites esenciales que inducen a dormir incluyen lavándula, manzanilla, neroli, benzoina, bergamoto, sándalo y ylang-ylang; coloque gotas de cualquiera de ellos en un pañuelo e inhálelo a medida que se prepara para dormir; no aplique estos aceites sobre la piel ni los tome internamente.

Otras ideas

✦ Antes de ir a la cama, permanezca diez minutos sentado en silencio, sin la interrupción de radio, televisión, música o conversaciones; reflexione sobre sus acciones del día de una manera calmada.

✦ En la cama, dedique unos minutos a reflexionar sobre las actividades del día, pero hágalo al contrario: acostándose, alistándose para ir a la cama, los eventos de la noche, los de la tarde, los de la mañana, levantándose; algunos utilizan esta técnica para quedarse dormidos.

✦ Duerma con la cabeza señalando hacia el Norte.

✦ Sostenga, luzca, o coloque al lado de su cama las siguientes piedras: amatista, agua marina, piedra de la Luna, lepidolita, peridoto, turmalina azul. Tradicionalmente todas producen un sueño descansado.

✦ Permanezca despierto más tarde de lo normal, para que esté más cansado que de costumbre; durante este período no haga nada que estimule su mente consciente, sólo relájese.

✦ Vaya a la cama sólo cuando esté cansado y soñoliento, no cuando piense que lo "debería" hacer.

✦ Medite acerca de un concepto pacífico.

✦ Visualice un lugar lleno de azul, verde y plateado. Muévase lentamente a través de él (podría ser un bosque en la noche, con la luna brillando encima).

✦ Escuche música suave antes de ir a la cama.

✦ Lea un libro denso y poco interesante antes de acostarse; sin embargo, no lea en la cama en las noches de sueño sagrado.

HECHIZOS PARA CREAR SUEÑOS

Los hechizos para crear tipos específicos de sueños (usualmente de naturaleza profética) han sido populares alrededor del mundo durante varios milenios. Aunque algunos de estos ritos muestran influencia cristiana, sus orígenes son anteriores al cristianismo.

Los libros de sueños a menudo incluían hechizos para crearlos. Muchas personas en Europa no tenían necesidad de esos ritos, porque se habían transmitido como tradiciones familiares. Los que no tenían acceso a tal información, podían consultar la obra *Mother Bridget's Dream Book* y otros tomos fantasiosos.[1]

Estos sortilegios muestran una mezcla sobresaliente de fuentes: clásicas, medievales y folklóricas. También se destacan claramente las influencias célticas y cristianas. Algunos fueron pura invención. Sorprendentemente, se encontraron hechizos similares en países ampliamente separados.[2] La mayoría de estos ritos eran diseñados para permitirle a las mujeres hallar a sus futuros esposos.

De Grecia: La víspera del día de Santa Catalina (26 de noviembre), una mujer joven hace una barra de pan, cuyo principal ingrediente es la sal. La mujer consume grandes cantidades del pan, así como mucho vino, luego se va a la cama. Al dormir, soñará con su futuro compañero.[3]

De Escocia: Se asa un arenque salado, se come sin ningún otro alimento, no se habla con nadie ni se bebe nada antes de ir a la cama. Una persona aparecerá en el sueño y le ofrecerá a la soñadora un vaso de agua. Esta persona es el futuro esposo de la soñadora.[4]

Del País de Gales: La víspera del solsticio de verano se coge una ramita de muérdago, que se coloca bajo la almohada para producir sueños proféticos.[5]

De Inglaterra (siglo XX): Se coloca un pequeño espejo bajo la almohada, para dormir sobre él y esperar que en el sueño aparezca la cara de la persona con quien el soñador se casará.[6]

De Inglaterra: La víspera de la fiesta de la Candelaria, se reúnen tres, cinco, siete o nueve mujeres en un "recinto o cámara cuadrada". Ellas cuelgan manojos de hierbas frescas (que incluyen ruda y romero) en cada esquina de la habitación. Se hace una torta de harina, aceite de oliva y azúcar. Cada mujer contribuye con la compra de los ingredientes y ayuda a preparar la torta. Después de hecha, se corta en partes iguales. Cada mujer, mientras corta su parte, la marca con su inicial. Los pedazos se colocan ante el fuego durante una hora. Se guarda silencio durante todo ese tiempo, y las mujeres se sientan con las piernas y los brazos cruzados. Luego, cada una retira su pedazo de torta y lo envuelve en un papel, en el cual se ha escrito la sección de amor de los Cantares de Salomón. Este paquete mágico se coloca bajo la almohada. Enseguida se tendrán sueños concernientes al futuro esposo, los hijos, y las circunstancias financieras.[7]

De Inglaterra: Para tener sueños, repita lo siguiente mientras mira la luna en la noche antes de irse a la cama:

> *Luna, amiga de todas las mujeres,*
> *tu alegría desciende a mi;*
> *esta noche déjame ver*
> *emblemas de mi destino.*[8]

NOTAS

Capítulo 1: Los misterios de los sueños

1. MacKenzie, *Dreams and Dreaming*, p. 10.
2. Ibíd., p. 47.
3. Domhoff, *The Mystique of Dreams*, p. 2.
4. MacKenzie, op. cit., p. 68.
5. Ibíd., p. 43.
6. Evans, *Landscapes of the Night,* p. 76.
7. Domhoff, op. cit, p. 103. En el Capítulo 6 encontrará fascinates respuestas a investigaciones sobre sueños hechas por investigadores contemporáneos.
8. Ibíd., p. 97.

Notas

Capítulo 2: Egipto

1. Shafer, *Religion in Ancient Egypt: Gods, Myths and Personal Practice*, p. 201.
2. Thompson, *The Mystery and Lure of Perfume*, pp. 225–226.
3. Ibíd., p. 13.
4. Ibíd., p. 13.
5. MacKenzie, *Dreams and Dreaming*, p. 26.
6. Jayne, *The Healing Gods of Ancient Civilizations*, p. 29.
7. Loewe and Blacker, *Oracles and Divination*, p. 75.
8. Jayne, op. cit., p. 30.
9. Shafer, op. cit., p. 171.
10. Romer, *Ancient Lives*, p. 69; MacKenzie, op. cit., pp. 27–28; Evans, *Landscapes of the Night*, p. 47; Loewe and Blacker, op. cit., p. 179.
11. MacKenzie, op. cit., p. 26.
12. Ibíd., p. 26.
13. Ibíd., p. 29.
14. Hamarkis es el nombre griego del dios egipcio Harakty, cuyo nombre en egipcio significa "Horus quien está en el horizonte". Mercatante, *Who's Who in Egyptian Mythology*, p. 52.
15. Ibíd., p. 52.
16. Loewe and Blacker, op. cit., p. 180; MacKenzie, op. cit., p. 52.
17. Brien, *Ancient Egyptian Magic*, p. 215.
18. MacKenzie, op. cit., p. 29.
19. Ibíd., pp. 29–30.
20. Shafer, op. cit., p. 185.
21. Jayne, op. cit., p. 30.
22. Ibíd., p. 33.
23. MacKenzie, op. cit., p. 30.
24. Brier, op. cit., p. 217.
25. Glass, *They Foresaw the Future*, p. 21.
26. Witt, *Isis in the Graeco-Roman World*, p. 190.

27. Jayne, op. cit., p. 30.
28. Lewisohn, *Science, Prophecy and Prediction*, p. 64.
29. Mercatante, op. cit., pp. 142–143.
30. Witt, op. cit., pp. 185, 189.
31. Glass, op. cit., p. 21.
32. MacKenzie, op. cit., p. 30.
33. Ibíd., p. 30.
34. Jayne, op. cit., p. 29.
35. Witt, op. cit., p. 191.
36. Ibíd., p. 191.
37. MacKenzie, op. cit., p. 30.
38. Ibíd., p. 30.
39. Jayne, op. cit., p. 30.
40. Ibíd., p. 30.
41. Ibíd., p. 30.
42. Evans, op. cit., p. 47.
43. Jayne, op. cit., p. 30.
44. MacKenzie, op. cit., p. 28.
45. Artemidorus. *The Interpretation of Dreams (Oneirocritica)*, p. 75.
46. Shafer, op. cit., p. 171.
47. Brier, op. cit., p. 217.
48. MacKenzie, op. cit., p. 28; Brier, op. cit., p. 218.
49. Shafer, op. cit., p. 69; Artemidorus, op. cit., p. 75.
50. Brier, op. cit., p. 220.
51. Ibíd., p. 218.
52. Shafer, op. cit., p. 170.
53. Brier, op. cit., p. 219.
54. Ibíd., p. 219.
55. Ibíd., p. 219.
56. Ibíd., p. 55.
57. Ibíd., p. 219.

58. MacKenzie, op. cit., p. 28.

59. Shafer, op. cit., p. 69.

60. Brier, op. cit., p. 219.

61. Ibíd., p. 219.

62. Ibíd., p. 219.

63. Ibíd., p. 220.

64. Ibíd., p. 220.

65. Ibíd., p. 219.

66. MacKenzie, op. cit., p. 28.

67. Ibíd., p. 28.

68. Ibíd., p. 48.

69. Ibíd., p. 48.

70. Ibíd., p. 48.

71. Ibíd., p. 48.

72. Brier, op. cit., p. 223.

73. MacKenzie, op. cit., p. 29.

74. Mercatante, op. cit., p. 39.

75. Ibíd., p. 39.

76. Brier, op. cit., pp. 221–222.

77. Mercatante, op. cit., pp. 22–23.

78. Shafer, op. cit., p. 54.

79. Mercatante, op. cit., pp. 22–23.

80. MacKenzie, op. cit., p. 31.

81. Mercatante, op. cit., p. 23.

82. Coxhead and Hiller, *Dreams: Visions of the Night*, p. 27.

83. Brier, op. cit., pp. 221–222.

84. Ibíd., pp. 221–222.

85. Ibíd., p. 222.

86. Ibíd., p. 221.

Capítulo 3: El Medio Oriente: Sumaria, Babilonia y Asiria

1. C. F. Kramer, *History Begins at Sumer.*
2. Kramer, *The Sumerians*, p. 5.
3. Ibíd., p. 19.
4. Ibíd., p. 21–22.
5. Ibíd., p. 33.
6. Ibíd., p. 33–34.
7. Ibíd., p. 13.
8. Ibíd., p. 113.
9. Ibíd., p. 115.
10. Ibíd., p. 123.
11. Ibíd., p. 123.
12. Ibíd., p. 129.
13. Ibíd., p. 117.
14. Ibíd., p. 117.
15. Ibíd., p. 126.
16. Ibíd., p. 126.
17. Ibíd., p. 135.
18. Ibíd., p. 136.
19. Loewe and Blacker, *Oracles and Divination*, p. 143; Delaporte, *Mesopotamia*, p. 155. Mucha de esta información en realidad pertence a Sumer.
20. Loewe and Blacker, op. cit., p. 143.
21. Kramer, op. cit., p. 138.
22. Ibíd., p. 38.
23. Delaporte, op. cit., p. 155.
24. Ibíd., p. 138–139.
25. Loewe and Blacker, op. cit, p. 157.
26. Ibíd., p. 156–157.
27. Finnegan, *Archaeological History of the Ancient Middle East*, p. 40.

28. Ibíd., p. 40.

29. Ibíd., p. 58.

30. MacKenzie, op. cit., p. 32.

31. Ibíd., p. 32.

32. Loewe and Blacker, op. cit., pp. 147–156.

33. MacKenzie, op. cit., p. 32.

34. Hooke, *Babylonian and Assyrian Religion*, p. 83; Jayne, op. cit., p. 101.

35. Loewe and Blacker, op. cit., p. 157.

36. Jayne, op. cit., p. 100.

37. Ibíd., p. 101.

38. Delaporte, op. cit., p. 212.

39. Loewe and Blacker, op. cit., 143.

40. Ibíd., p. 143.

41. Ibíd., p. 143.

42. Oppenheim, "Mantic Dreams in the Ancient Near East", p. 346.

43. Hooke, op. cit., p. 84.

44. Hooke, op. cit., p. 84; Jayne, op. cit., p. 102.

45. Jayne, op. cit., p. 102.

46. Ibíd., p. 103.

47. Lurker, *Dictionary of Gods and Goddesses, Devils and Demons*, p. 218; Jayne, op. cit., p. 102.

48. Jayne, op. cit., pp. 100–101.

49. Hooke, op. cit., p. 84.

50. Loewe and Blacker, op. cit., p. 158.

51. Artemidorus, *The Interpretation of Dreams (Oneirocritica)*. p. 73 (nota).

52. MacKenzie, op. cit., p. 35.

53. Ibíd., p. 48.

54. Ibíd., p. 48.

55. Ibíd., p. 48.

56. Ibíd., p. 48.

57. MacKenzie, op. cit., p. 35.

58. Loewe and Blacker, op. cit., pp. 157–158.

59. Oppenheim, op. cit., pp. 346–347.

60. Ibíd., pp. 349–350.

61. MacKenzie, op. cit., p. 34.

62. Dalley, *Myths from Mesopotamia*, p. 328.

63. Sandars, *The Epic of Gilgamesh*, pp. 65–66.

64. Ibíd., p. 66.

65. Ibíd., p. 66.

66. Ibíd., p. 67.

Capítulo 4: Grecia

1. MacKenzie, op. cit., p. 41.

2. Hippocrates, *Hippocratic Writings*, p. 253.

3. Meier, *The Dream in Ancient Greece and Its Use in Temple Cures* (Incubation), p. 308.

4. Jayne, op. cit., p. 19.

5. Meier, op. cit., 304.

6. Quoted in MacKenzie, op. cit., p. 47.

7. MacKenzie, op. cit., p. 47.

8. Jayne, op. cit., p. 219; Lawson, *Modern Greek Folklore and Ancient Greek Religion*, p. 300.

9. Jayne, op. cit., p. 221.

10. Jayne, op. cit., p. 220; Garfield, *Creative Dreaming*, p. 21.

11. Evans, *Landscapes of the Night*, p. 48.

12. Pausanias, *Guide to Greece*, 492–493; Garfield, op. cit., p. 19; Evans, op. cit., p. 48.

13. Evans, op. cit., p. 48.

14. Jayne, op. cit., p. 279.

15. Meier, op. cit., p. 317.

16. Garfield, op. cit., p. 21.

17. Jayne, op. cit., p. 220.
18. Evans, op. cit., p. 48.
19. Jayne, op. cit., pp. 220; 278–279.
20. Evans, op. cit., p. 48.
21. MacKenzie, op. cit., p. 43.
22. Jayne, op. cit., p. 277.
23. MacKenzie, op. cit., p. 44.
24. Ibíd., p. 44.
25. Jayne, op. cit., p. 277.
26. MacKenzie, op. cit., p. 45; Jayne, op. cit., p. 220.
27. Jayne, op. cit., p. 277.
28. Ibíd., p. 278.
29. MacKenzie, op. cit., p. 45.
30. Jayne, op. cit., p. 279.
31. MacKenzie, op. cit., p. 43.
32. Ibíd., pp. 43; 45.
33. Meier, op. cit., p. 304.
34. Jayne, op. cit., p. 220.
35. MacKenzie, op. cit., p. 43.
36. Ibíd., p. 43.
37. MacKenzie, op. cit., p. 44; Lurker, op. cit., pp. 39–40.
38. Smith, *Dictionary of Greek and Roman Biography and Mythology*, Volúmen 1, p. 46.
39. Jayne, op. cit., p. 282.
40. Meier, op. cit., p. 315.
41. Smith, op. cit., p. 46.
42. Jayne, op. cit., p. 257.
43. Meier, op. cit., p. 316.
44. Jayne, op. cit., p. 292.
45. Jayne, op. cit., p. 293.
46. Hippocrates, op. cit., p. 252.
47. Ibíd., p. 256.

48. Ibíd., p. 258.
49. Ibíd., pp. 257–259.
50. Ibíd., p. 256.
51. Artemidorus, op. cit., p. 7.
52. Ibíd., pp. 21–22.
53. Smith, I., op. cit., p. 373.
54. Artemidorus, op. cit., p. 21.
55. Ibíd., p. 14.
56. Ibíd., p. 21.
57. MacKenzie, op. bit., p. 55.
58. Artemidorus, op. cit., p. 27.
59. Ibíd., pp. 49–50, 55; 163.
60. Ibíd., pp. 235, 240, 251.
61. Ibíd., p. 113.
62. Ibíd., p. 114.
63. Ibíd., pp. 113–122.

Capítulo 5: Roma

1. Jayne, op. cit., p. 393.
2. Ibíd., p. 396.
3. MacKenzie, op. cit., p. 50.
4. Ibíd., p. 50.
5. Ibíd., p. 50.
6. Dill, *Roman Society from Nero to Marcus Aurelius*, p. 457.
7. Ibíd., p. 451.
8. MacKenzie, op. cit., p. 52.
9. Dill, op. cit., p. 452.
10. Jayne, op. cit., p. 414.
11. MacKenzie, op. cit., p. 51.
12. Ibíd., p. 51.
13. Jayne, op. cit., p. 492.
14. Dill, op. cit., p. 460.

15. Smith, op. cit., Volúmen 2, p. 137.

16. Jayne, op. cit., p. 421.

17. Ibíd., op. cit., p. 422.

18. Smith, op. cit., p. 137.

19. Dill, op. cit., p. 560.

20. Ibíd., pp. 461–462.

21. Witt, *Isis in the Graeco-Roman World*, p. 191.

22. Dill, op. cit., p. 563.

23. MacKenzie, op. cit., p. 46.

24. Ibíd., p. 47.

Capítulo 6: Hawai

1. Handy and Pukui, *The Polynesian Family System in Ka-'u, Hawai'i*, p. 117.

2. Ibíd., pp. 126–127.

3. Pukui, Haertig, Lee, McDermott, *Nana I Ke Kumu*, Volúmen 2, p. 170.

4. Ibíd., p. 170.

5. Ibíd., p. 170.

6. Ibíd., pp. 170–171; Handy and Pukui, op. cit., pp. 120–122.

7. Pukui, Haertig, Lee, McDermott., op. cit., p. 172.

8. Ibíd., p. 176.

9. Ibíd., p. 176.

10. Ibíd., p. 173.

11. Handy and Pukui, op. cit., p. 9. In la tradición hawaiana "la casa" consiste en una serie de edificaciones separadas las cuales tienen diferentes propósitos: comedor para hombres, comedor para mujeres (*hale 'aina*), alacena, taller de reparación de canoas, casa para dormir. En muchas familias, el "mua" también servía como templo familiar: diariamente se ofrecía comida al dios Lono (dios del alimento y la agricultura) y a los ancestros de la familia. (Pukui and Handy, op. cit., p. 9.) Los hawaianos también usaban pequeñas campanas colgadas a las afueras de las casas.

12. Ibíd., p. 129.
13. Handy, Polynesian Religion, p. 61.
14. Handy and Pukui, op. cit., p. 127.
15. Ibíd., p. 99.
16. Pukui, Haertig, Lee, McDermott, op. cit., p. 205.
17. Ibíd., p. 205.
18. Kamakau, Ka Po'e Kahiko, p. 56; Pukui, Haertig, Lee, McDermott, op. cit., p. 205.
19. Pukui, Haertig, Lee, McDermott, op. cit., p. 205.
20. Ibíd., p. 171.
21. Ibíd., p. 77.
22. Ibíd., p. 174.
23. Kamakau, op. cit., p. 56.
24. Pukui, Haertig, Lee. McDermott, p. 176.
25. Pukui, 'Olelo No'eau, p. 134.
26. Ibíd., p. 186.
27. Ibíd., pp. 90; 311.
28. Pukui, Haertig, Lee, McDermott, op. cit., p. 180.
29. Handy and Pukui, op. cit., p. 129.
30. Pukui, op. cit., p. 7.
31. Pukui, Haertig, Lee, McDermott, op. cit., p. 181.
32. Handy and Pukui, p. 128.

Capítulo 7: Norte América

1. Coxhead and Hiller, *Dreams: Visions of the Night*, pp. 66–67.
2. Lincoln, *The Dream in Primitive Cultures*, p. 209.
3. Ibíd., p. 209.
4. Ibíd., p. 210.
5. Ibíd., pp. 210–211.
6. Ibíd., 207–208.
7. MacKenzie, op. cit., p. 105.
8. Lincoln, op. cit., pp. 208–209; 212.

9. Ibíd., p. 208.

10. Ibíd., p. 209.

11. Ibíd., p. 209.

12. Ibíd., p. 217.

13. Ibíd., p. 210.

14. Ibíd., p. 217.

15. Ibíd., p. 270.

16. Coxhead and Hiller, op. cit., p. 84.

17. Ibíd., p. 84.

18. Ibíd., p. 84.

19. Garfield, op cit., pp. 75–76.

20. Farb, *Man's Rise to Civilization As Shown by the Indians of North America*, pp. 86–87.

21. Ibíd., pp. 86–87.

22. Coxhead and Hiller, op. cit., p. 84.

23. Ibíd., p. 12.

24. Corriere, Karle, Woldenberg, Hart, *Dreaming and Waking: The Functional Approach to Dreams*, p. 93.

25. Ibíd., p. 94.

26. Ibíd., pp. 92–94; Farb, op. cit., p. 132.

27. Wallace, *The Death and Rebirth of the Seneca*, p. 71.

28. Ibíd., p. 92.

29. Corriere, Karle, Woldenberg, Hart, op. cit., pp. 99–100; Wallace, op. cit., p. 72.

30. Coxhead and Hiller, op. cit., p. 84.

31. Corrierre, Karle, Woldenberg and Hart., op. cit., p. 94.

32. Ibíd., p. 95.

33. MacKenzie, op. cit., p. 106. 34. Coxhead and Hiller, op. cit., p. 12.

35. Ibíd., p. 12.

36. Underhill, *The Papago Indians of Arizona and their Relatives, the Pima*, p. 58.

37. Ibíd., p. 55.

38. Ibíd., pp. 58–59.

39. Ibíd., p. 55.

40. Coxhead and Hiller, op. cit., p. 12.

41. Ibíd., p. 12.

42. Lincoln, op. cit., p. 266.

43. Highwater, *Ritual of the Wind: North American Indian Ceremonies, Music and Dances*, p. 33.

44. MacKenzie, op. cit., p. 103.

45. Rogers, *The Shaman's Healing Way*, p. 12.

Capítulo 8: Libros de los sueños

1. Smith, *Dictionary of Greek and Roman Biography and Mythology*, Volúmen 1, p. 374.

2. MacKenzie, op. cit., p. 53.

3. Ibíd., p. 75.

4. Ibíd., p. 77.

5. Ibíd., p. 80.

6. Lewisohn, op. cit., pp. 116–117.

7. de Lys, *A Treasury of American Superstitions,* p. 297.

8. MacKenzie, op. cit., pp. 77–79.

Capítulo 11: Preparaciones para el sueño sagrado

1. Taylor, *Red Flower: Rethinking Menstruation*, p. 35.

2. Ibíd., pp. 37–38; Shuttle and Redgrove, *The Wise Wound*, p. 92.

3. Shuttle and Redgrove, op. cit., p. 92.

4. Garfield, *Women's Bodies, Women's Dreams*, p. 163.

5. Ibíd., p. 163.

6. Ibíd., p. 165.

7. Jayne, *The Healing Gods of Ancient Civilizations*, p. 220.

8. Artemidorus, *The Interpretation of Dreams (Onierocritica)*, p. 21.

9. Ibíd., p. 70; Jayne, op. cit., p. 278.

10. Jayne, op. cit, p. 278.
11. Ibíd., pp. 278–279.
12. Artemidorus, op. cit., p. 70.
13. Hartmann, *The Biology of Dreaming*, p. 51; Garfield, op. cit., p. 27.
14. Taylor, op. cit., p. 38.
15. Hartmann, op. cit., p. 51.

Apéndice 4: Hechizos para crear sueños

1. MacKenzie, op. cit., p. 75.
2. Ibíd., p. 75.
3. Lawson, *Modern Greek Folklore and Ancient Greek Religion*, p. 303.
4. Opie and Tatern, *A Dictionary of Superstitions*, p. 343.
5. Radford, *Encyclopedia of Superstitions*, p. 105.
6. Haining, *Superstitions*, p. 102.
7. MacKenzie, op. cit., p. 76.
8. Busenbark, *Symbols, Sex and the Stars*, p. 25.

GLOSARIO

ADIVINACIÓN: Técnicas rituales diseñadas para obtener visiones de eventos futuros o distantes.

CUNEIFORME: Es derivada de la escritura pictográfica antigua, y consiste en marcas en forma de cuñas que, cuando se colocan juntas, forman palabras. La escritura cuneiforme se hacía presionando los extremos de juncos preparados, en tabletas suaves de arcilla y cilindros. Se utilizó ampliamente en Sumeria, Babilonia y Asiria.

DEIDAD PERSONAL: La deidad adorada más a menudo por un individuo. Este concepto probablemente se dio primero en la antigua Sumeria.

Glosario

HIERATICA: Una forma de escritura egipcia, en la cual se escribían jeroglíficos pictóricos (con tinta) en forma de líneas aerodinámicas para acelerar el proceso de registro de la información.

INCUBACIÓN DEL SUEÑO: Una antigua técnica espiritual en la cual los adoradores dormían en templos para recibir sueños con mensajes o curaciones de las deidades. Del latín incubare. Se han practicado procedimientos similares a través de la historia en todos los continentes.

MAGIA: El movimiento de las energías naturales (pero poco entendidas) del cuerpo humano y los objetos naturales para manifestar un cambio. Llegó a ser una práctica extendida mundialmente, pero el cristianismo intentó acabarla porque colocaba poder en manos de la gente. Los primeros cristianos ligaban la magia con "Satanás", una falsa asociación que todavía continúa.

MENSAJERO: Nuestra deidad personal que viene a nosotros durante el sueño sagrado, trayendo consigo información importante.

MENTE CONSCIENTE: Esa mitad de la consciencia humana que opera durante las horas en que estamos despiertos.

MENTE PSÍQUICA: Ver mente subconsciente.

MENTE SUBCONSCIENTE: Esa mitad de la consciencia humana que opera cuando dormimos. La mente subconsciente es el origen de los presentimientos, intuiciones, y consciencia psíquica.

MITOLOGÍA: Un término degradante que se refiere a las religiones de otros. Yo prefiero emplear el término "historias sagradas" para describir las actividades de las deidades. La palabra "mitología" no se debería percibir como una referencia a falsos conceptos religiosos, porque todas las religiones traen la verdad.

Glosario

MRO: Movimiento rápido de los ojos, en los cuales estos demuestran actividad dramática cuando se está profundamente dormido. Una vez se pensó que era necesario para soñar, pero después se reconoció que solamente marcaba una de las fases del dormir, en el cual ocurrían los sueños.

PAGANÍSMO: Un término utilizado ampliamente hoy día, que describe las actividades religiosas personales en las cuales eran adoradas las deidades precristianas en muchas partes del mundo. El paganismo es muy popular, especialmente entre las mujeres, ya que apoya el clero femenino, y a menudo está centrado en la adoración de diosas. Algunas veces se conoce como neopaganismo.

PAGANO: Una persona que practica el paganismo.

SUEÑO SAGRADO: Una palabra que he forjado para describir la práctica de la incubación del sueño en la casa, para propósitos específicos. El término incluye los preparativos, el ritual, dormir, así como la interpretación de los sueños recibidos.

WICCA: Una religión pagana contemporánea en la que lo divino se adora como el dios y la diosa. Los rituales incluyen la creación de un espacio sagrado con magia; la invocación a las deidades; rituales de aprobación o celebraciones de fenómenos estacionales; elevación del poder (para la magia); y una comida simple. La wicca no tiene lazos o asociaciones con el "satanismo" u otros grupos reaccionarios cuasicristianos.

BIBLIOGRAFÍA

Adler, Margot. *Drawing Down the Moon*. Boston: Beacon Press, 1986.

Artemidorus. *The Interpretation of Dreams (Oneirocritica)*. Traducido por Robert J. White. Park Ridge, NJ: Noyes Press, 1975.

Benedict, Ruth. *Patterns of Culture*. New York: Mentor, 1960.

Borbely, Alexander. *Secrets of Sleep*. New York: Basic Books, 1986.

Brier, Bob. *Ancient Egyptian Magic*. New York: William Morrow, 1980.

Busenbark, Ernest. *Symbols, Sex and the Stars in Popular Beliefs*. New York: Truth Seeker Press, 1949.

Bibliografía

Clifford, Terry, and Sam Antupit. *Cures*. New York: Macmillan, 1980.

Contenau, Georges. *Everyday Life in Babylon and Assyria*. New York: Norton, 1966.

Corriere, Richard. Werner Karle, Lee Woldenberg, and Joseph Hart, *Dreaming and Waking: The Functional Approach To Dreams*. Culver City, CA: Peace Press, 1980.

Coxhead, David and Susan Hiller. *Dreams: Visions of the Night*. New York: Thames and Hudson, 1989.

Cunningham, Scott. *Magical Aromatherapy: The Power of Scent*. St. Paul: Llewellyn Publications, 1989.

_____. *Wicca: A Guide for the Solitary Practitioner*. St. Paul: Llewellyn, 1988.

Dalley, Stephanie. *Myths From Mesopotamia*. Oxford, England: Oxford University Press, 1991.

Davis, Patricia. *Aromatherapy, An A-Z*. Saffron Walden, England: C. W. Daniel, 1988.

Delaporte, L. *Mesopotamia: The Babylonian and Assyrian Civilization*. New York: Alfred A. Knopf, 1925.

de Lys, Claudia. *A Treasury of American Superstitions*. New York: Philosophical Library, 1948.

Dill, Samuel. *Roman Society from Nero to Marcus Aurelius*. New York: Meridian, 1956.

Domhoff, G. William. *The Mystique of Dreams: A Search for Utopia Through Senoi Dream Therapy*. Berkeley: University of California Press, 1985.

Edwards, I. E. S. editor. *The Cambridge Ancient History: Prolegomena and Prehistory*. Volúmen 1, Part 1. Cambridge (England): Cambridge University Press, 1980.

_____. *The Cambridge Ancient History: Early History of the Middle East*. Volúmen 1, Part 2A. Cambridge (England): Cambridge University Press, 1980.

Ehrenwald, Jan, editor. *From Medicine Man to Freud*. New York: Dell, 1956.

Evans, Christopher (editado por Peter Evans). *Landscapes of the Night: How and Why We Dream*. New York: Viking Press, 1983.

Bibliografía

Farb, Peter. *Man's Rise to Civilization As Shown by the Indians of North America From Primeval Times to the Coming of the Industrial State.* New York: Avon, 1969.

Farrar, Janet and Stewart Farrar. *The Witches' God: Lord of the Dance.* Custer, WA: Phoenix, 1989.

_____. *The Witches' Goddess: The Feminine Principle of Divinity.* Custer, WA: Phoenix, 1987.

Festugiere, Andre-Jean. *Personal Religion Among the Greeks.* Berkeley: University of California Press, 1960.

Finnegan, Jack. *Archaeological History of the Ancient Middle East.* New York: Dorset Press, 1986.

Garfield, Patricia. *Creative Dreaming.* New York: Ballantine, 1990.

_____. *The Healing Power of Dreams.* New York: Simon and Schuster, 1991.

_____. *Women's Bodies, Women's Dreams.* New York: Ballantine, 1988.

Gill, Sam D. *Native American Religions: An Introduction.* Belmont, CA: Wadsworth Publishing, 1982.

Glass, Justine. *They Foresaw the Future.* New York: G. P. Putnam's, 1969.

Haining, Peter. *Superstitions.* London: Sidgwick and Jackson Limited, 1979.

Handy, E. S. Craighill and Mary Kawena Pukui. *The Polynesian Family System in Ka-'u, Hawai'i. 1958.* Reimpreso. Rutland, VT: Charles E. Tuttle, 1972.

Handy, E. S. Craighill. *Polynesian Religion.* Bernice P. Bishop Museum Bulletin 34. 1927. Reprint. Millwood, NY: Kraus, 1985.

Hartmann, Ernest. *The Biology of Dreaming.* Springfield, IL: Charles C. Thomas, 1967.

Highwater, Jamake. *Ritual of the Wind: North American Indian Ceremonies, Music and Dances.* New York: Viking, 1977.

Hippocrates. *Hippocratic Writings.* Editado por G. E. R. Lloyd, traducido por J. Chadwick y otros. London: Penguin Books, 1983.

Herodotus. *The Histories.* Traducido por Aubrey de Selincourt. Baltimore: Penguin Books, 1965.

Bibliografía

Hooke, S. H. *Babylonian and Assyrian Religion*. Norman, OK: University of Oklahoma Press, 1962.

_____. *Middle Eastern Mythology*. Harmondsworth, England: Penguin Books, 1975.

Jayne, Walter Addison. *The Healing Gods of Ancient Civilizations*. 1925. Reimpreso. New Hyde Park, NY: University Books, 1962.

Kamakau, Samuel Manaiakalani. *Ka Po'e Kahiko*. Honolulu: Bishop Museum Press, 1964.

Kramer, Samuel Noah. *History Begins at Sumer*. New York: Anchor, 1959.

_____. *Sumerian Mythology: A Study of Spiritual and Literary Achievement in the Third Millenium BC*. New York: Harper Torchbooks, 1961.

_____. *The Sumerians: Their History, Culture, and Character*. Chicago: University of Chicago Press, 1963.

Lawson, John Cuthbert. *Modern Greek Folklore and Ancient Greek Religion*. New Hyde Park, NY: University Books, 1964.

Lewisohn, Richard. *Science, Prophecy and Prediction*. New York: Premiere, 1962.

Lincoln, Jackson Steward. *The Dream In Primitive Cultures*. London: The Cresset Press, 1935.

Loewe, Michael, and Carmen Blacker. *Oracles and Divination*. Boulder, CO: Shambhala, 1981.

Longworth, T. Clifton. *The Gods of Love: The Creative Process In Early Religion*. Westport, CT: Associated Booksellers, 1960.

Lurker, Manfred. *Dictionary of Gods and Goddesses, Devils and Demons*. London: Routledge, 1989.

MacKenzie, Norman. *Dreams and Dreaming*. New York: The Vanguard Press, 1965.

McCall, Henrietta. *Mesopotamian Myths*. Austin, TX: The University of Texas Press, 1990.

Meier, Carl Alfred. *The Dream in Ancient Greece and Its Use in Temple Cures (Incubation), in The Dream and Human Societies*. Editado por G. E. Von Grunenbaum y Roger Caillois. Berkeley: University of California Press, 1966.

Bibliografía

Mercatante, Anthony S. *Who's Who In Egyptian Mythology*. New York: Clarkson N. Potter, 1978.

Moscati, Sabatino. *The Face of the Ancient Orient*. New York: Anchor Books, 1960.

Oates, Joan. *Babylon*. London: Thames and Hudson, 1979.

Opie, Iona and Moira Tatem, editors. *A Dictionary of Superstitions*. Oxford, England: Oxford University Press, 1989.

Oppenheim, A. Leo. "Mantic Dreams in the Ancient Near East." in *The Dream and Human Society*. Editado por G. E. Von Grunebaurn and Roger Caillois. Berkeley: University of California Press, 1966.

Pausanias. *Guide to Greece*. Three volumens. Harmondsworth, England: Penguin Books, 1971.

Plutarch. *De Iside Et Osiride (Isis and Osiris)*. Traducido por J. Gwyn Griffiths. Wales: University of Wales Press, 1970.

Price, A. Grenfell, editor. *The Explorations of Captain James Cook in the Pacific As Told by Selections of His Own Journals, 1768–1779*. New York: Dover, 1971.

Pukui, Mary Kawena. *'Olelo No'eau: Hawaiian Proverbs and Poetical Sayings*. Bernice P. Bishop Museum Special Publication No. 71. Honolulu: Bishop Museum Press, 1983.

Pukui, Mary Kawena and Samuel H. Elbert. *Hawaiian Dictionary*. Honolulu: University of Hawai'i Press, 1986.

Pukui, Mary Kawena, E. W. Haertig,, and Catherine A. Lee. *Nana I Ke Kumu*. Volúmen 1. Honolulu: Queen Lili'uokalani Children's Center, 1983.

_____. *Nana I Ke Kumu*. Volúmen 2. Honolulu: Queen Lili'uokalani Children's Center, 1979.

Radford, Edwin and Mona A. *Encyclopedia of Superstitions*. New York: Philosophical Library, 1949.

Rogers, Spencer L. T*he Shaman's Healing Way*. Ramona, CA: Acoma Books, 1976.

Romer, John. *Ancient Lives: Daily Life in Egypt of the Pharaohs*. New York: Henry Holt and Company, 1990.

Bibliografía

Rose, Jeanne. *Herbs and Things: Jeanne Rose's Herbal*. New York: Perigee, 1983.

_____. *The Modern Herbal*. New York: Perigee, 1987.

Sandars, N. K. (Traductor y comentarista). *The Epic of Gilgamesh*. Harmondsworth, England: Penguin Books, 1975.

Shafer, Byron E., editor. *Religion in Ancient Egypt: Gods, Myths and Personal Practice*. Ithaca, NY: Cornell University Press, 1991.

Shuttle, Penelope and Peter Redgrove. *The Wise Wound: The Myths, Realities, and Meanings of Menstruation*.

Smith, William. *Dictionary of Greek and Roman Biography and Mythology*. Tres volúmenes. London: Taylor and Walton, 1844.

Taylor, Dena. *Red Flower: Rethinking Menstruation*. Freedom, CA: The Crossing Press, 1988.

Thompson, C. J. S. *The Magic of Perfumes*. New York: J. B. Lippincott, 1927.

Tierra, Lesley. *The Herbs of Life: Health and Healing Using Western and Chinese Techniques*. Freedom, CA: The Crossing Press, 1992.

Underhill, Ruth. *The Papago Indians of Arizona and their Relatives The Pima*. Washington, DC: The Bureau of Indian Affairs, ND.

Von Grunebaum, G. E., and Roger Caillois, editors. *The Dream and Human Societies*. Berkeley: University of California Press, 1966.

Wallace, Anthony F. C. *The Death and Rebirth of the Seneca*. New York: Vintage Books, 1972.

Witt, R. E. *Isis in the Graeco-Roman World*. Ithaca, NY: Cornell University Press, 1971.

ÍNDICE

Índice